幸福有方
亲爱有术

〔韩〕金鹤中/著　郑炳男/译

中国出版集团
现代出版社

版权登记号：01-2011-0298
图书在版编目(CIP)数据

幸福有方，亲爱有术 / (韩) 金鹤中著；郑炳男译
. —北京：现代出版社，2015.1
ISBN 978-7-5143-3032-8

Ⅰ. ①幸…　Ⅱ. ①金…　②郑…　Ⅲ. ①婚姻－通俗读物　Ⅳ. ①C913.13-49

中国版本图书馆CIP数据核字（2014）第264346号

幸福有方，亲爱有术

作　　者	[韩] 金鹤中
译　　者	郑炳男
责任编辑	张桂玲
出版发行	现代出版社
通讯地址	北京市安定门外安华里504号
邮政编码	100011
电　　话	010-64267325　64245264（传真）
网　　址	www.1980xd.com
电子邮箱	xiandai@cnpitc.com.cn
印　　刷	北京诚信伟业印刷有限公司
开　　本	710 × 1000　1/16
印　　张	14.25
版　　次	2015年1月第1版　2015年1月第1次印刷
书　　号	ISBN 978-7-5143-3032-8
定　　价	29.00元

既是一位妻子，同时也是一位朋友
这样的女人才是一个优秀的妻子
不能成为朋友的女人
不适合成为一个妻子

——威廉·潘《孤独的果实》

做幸福的妻子

| 前言 |

“亲爱的！”

从早晨睁开眼睛开始，到晚上睡觉以前，我们夫妻之间就这样称呼对方。“亲爱的，民正他妈”，“亲爱的，景秀他爸。”

但国立语言学院有关专家的研究结果表明，在韩国语中，“亲爱的”一词来源于韩国语中的“瞧瞧这儿”，所以在韩国古典文学作品《春香传》中，春香会对李梦龙说：“瞧瞧这儿，公子。”也会对使道（百姓对官员的尊称）说：“瞧瞧这儿，使道大人。”不知内情的现代人，还以为春香是一个极其没有修养的女人。

从一大早开始，只要韩国的丈夫喊声“瞧瞧这儿”，他们的妻子首先就会提高了嗓门儿应一声：“啊，怎么？”这是因为这个“瞧瞧这儿”不仅仅是让你看这里一眼，而肯定是让妻子们给找双袜子啦，或者是再来点泡菜啦，或者是其他唠叨的序曲。

如果是一对以拥抱或亲吻开始一天的夫妻，那么，一句“瞧瞧这儿（亲爱的）”一定会让妻子心旌摇动，并柔声作答。既然早晨是以这么温柔的方式开始的，我估计，他们将一整天都沉浸在那样的幸福当中；晚上入睡前，再深情地喊上一句“瞧瞧这儿（亲爱的）”，那么也就等于他们是在幸福中结束了这一天。如果能这么一天天日积月累，年复一年，度过我们的一生，这难道不就是幸福的人生吗？

可是，据我观察，现如今的夫妻似乎并不那么幸福。他们经常处于经济方面的窘境，或者跟进入青春期的子女发生冲突，又或者与双方父母的意见发生分歧。由于这样那样的问题，夫妻之间经常吵来吵去。如此一来，新婚时的海誓山盟逐渐在悔恨和泪水间变得模糊起来。

家庭幸福了，个人才会幸福；反过来，个人幸福了，家庭才会幸福。那么，我们究竟该怎样让我们幸福起来？是不是找到了一个能挣钱的丈夫，我们可以买很多漂亮的衣服，去自己想去的地方游玩儿，优哉游哉地度过一生，我们就会幸福呢？

不。这只是“我”一个人的幸福。但夫妻却是由两个人结合而成的“我”，所以这两个人必须都感到幸福才行。正因为如此，夫妻之间才应该相互爱惜，相互尊重，相互为了对方的幸福而努力。

丈夫又是一种什么样的状态呢？他们一天又一天忙于公司的业务，时时处于唯恐遭到“名誉退休”的紧张状态；子女们的人生道路上已经发生了矛盾，他们还要担负着奉养年老多病的父母的责任，他们时刻不能卸下作为一个家长的责任。原本稳健有余的丈夫，在不知不觉中被现实的重压所迫，双肩已经微微耷拉下来，他们的叹息声似乎也拉得更长了。与他们身负的重担相比，他们如今作为一个丈夫，作为一个父亲所拥有的权威却日益消失。所以，妻子们尽管也很焦虑，但事实上，丈夫们的情况也好不到哪里去。

这时需要的，其实正是妻子的一句体贴话。来自妻子的一句温柔体贴的话，会让丈夫豪气顿生，信心倍增。我们经常把年逾七旬的男人说成是一个老小孩，我想，这无外乎是在表明他们都是一些单纯的人。他们会在受到称赞的时候欢欣鼓舞，一句安慰的话都会让他们百感交集。这就是我们的丈夫。

那么，我们究竟该如何维护丈夫的自尊？这本书里讲述的，就是有关这方面的诀窍。

能营造一个温暖的家庭氛围的妻子，她的灿烂也像春光一样温暖宜人。尽管生活还很艰苦，但如果能在收到丈夫一件小小礼物的时候，表现出由衷的欣喜，她便是一个拥有了整个世界的幸福的妻子。一边照顾生病的丈夫，一边依然梦想着未来的顽强妻子，她的眼泪会浇灌明日的玫瑰绚烂绽放。即使跟丈夫吵了架，也不忘记对丈夫的爱，并一如既往地关怀他，这样的妻子，会让丈夫的心胸变得更加宽广。理解婆婆的烦恼，并主动去亲近她、关心她，这样的妻子在丈夫的眼里会越发美丽动人。耐心安慰身有残疾的丈夫，使其不懈努力的妻子，往往会创造出令人难以置信的奇迹。认真反省争吵不断的往昔，重新携起手来，披上泪水的婚纱，这样的妻子毫不逊色于任何一个新娘。在我们的周围，有的年轻妻子为了获得公婆和丈夫的关爱而付出艰苦的努力，而有的妻子，则一边给丈夫修剪指甲，一边安抚着丈夫辛苦了一天的疲惫之心……

爱、争吵、和解、小小的感动……收录到本书中的，正是我们这些平凡的夫妻感人至深的故事。所有人都可以在这些日常生活中发生的真实的故事中，感受到爱的可贵。所以，在阅读这本书的过程中，有的人也许会浮想联翩——自己将用什么样的一句话，作为能给丈夫带来幸福的礼物。这本书将向大家介绍如何去打造这样一把开启心灵之门的钥匙的方法。

家庭是我们这个社会的“基本共同体”。可是，我们这个追求幸福的社会却在奇怪地强调，只有赢得在外部环境中的竞争，或者不择手段地赚取更多的钱，才是开启幸福之门的钥匙。无论挣了多少钱，无论你是否赢得了竞争，但若是你还感到不幸，那么其原因究竟何在呢？

答案不在远处。答案就在你的身边。

“亲爱的！”

金鹤中

目 录

1 像春天一样的妻子

幸福不会来自于远方
也不是什么人送给你的
幸福就在你一转念之时出现

我认识两个都已成家的朋友，他们两家都住在首尔近郊。不仅如此，他们的家庭成员结构和经济收入等方面也很相似。

可是，其中一个家庭的气氛总是冷冰冰的，仿佛进入了冬天；而另一个家庭，却总是充满和煦的春光。因此，我私下里把这两个家庭分别称为“冬天之家”和“春天之家”，并对它们加以比较。

“冬天之家”的家庭成员之间冲突不断。夫妻之间经常吵架不说，父母和子女之间也经常发生冲突，而且孩子们之间也总是争吵不休。邻居们经常能够听到从他们的房间里传出来的吵闹声。那个朋友总是对我说，家人之间这么争吵不休，他为之痛苦不已。

与此相反，“春天之家”却总是欢声笑语。他们家庭成员的表情像天使一样明朗，嗓音像春风一样柔和。此外，无论是一个多小的事情，他们都愿意与邻里们分享，因此邻里们也都喜欢与他们家打交道，并对他们的家庭羡慕不已。

两个家庭的丈夫每个月挣回来的钱也差不多，家庭人口也差不多，可这两个家庭为什么会表现出如此之大的差异呢？我对此充满了好奇。通过一个偶然的机会，我明白了“春天之家”的秘诀。

有一天，我和“冬天之家”的朋友受邀到“春天之家”去做客。我们正和“春天之家”夫妻两人坐在“春天之家”的客厅里，一边喝着茶，一边说些彼此都感兴趣的话题。就在此时，“春天之家”的孩子在玩耍的时候，不小心打碎了一件价格昂贵的陈设瓷器。

我和“冬天之家”的朋友大惊失色，还以为他们的父母一定会暴怒地对孩子们大喊大叫：

“哎哟，这么贵重的瓷器，你说怎么办？”

可是，“春天之家”的朋友说出的话却出乎我们意料：

“是我把瓷器摆放在了容易被碰到的地方。孩子，抱歉了。是不是吓着你了？碰到什么地方没有？”

这时“春天之家”的女主人也赶了过来：

“这不怪你。前些日子我就觉得把它摆放在这里总有些不安全，所以正想着抽空换个地方。抱歉了，亲爱的。孩子，过来过来。我来收拾吧。”

在这一瞬间，他们家的孩子一边挠着头，一边说道：

“妈妈，爸爸，我很抱歉。都怪我做事不小心。我去拿笤帚。”

“春天之家”一家三口人携起手来，一起收拾好瓷器残片，然后仔细确认彼此的袜子上是否还残留着有可能致伤的瓷片。

“春天之家”的妻子和孩子去厨房取水果之际，我和“冬天之家”的朋友这样问“春天之家”那位朋友：

“打碎了这么贵重的一件瓷器，你竟然不发脾气？”

“春天之家”的朋友笑着回答：

“我再怎么发火，已经打碎的瓷器不可能复原，我发火还有什么用处？再说了，在我发火的瞬间，比这件瓷器更贵重的宝贝将灰飞烟灭。”

“比这更贵重的宝贝？”

“家庭的幸福难道不正是我们的宝贝吗？”

走出“春天之家”以后，我和“冬天之家”的那位朋友陷入了沉思。家庭和睦的秘诀不会来自于远方，也不是花费昂贵的代价才能获得的。家庭和睦的秘诀其实就是一句话：一句话可以让家人之间吵得天翻地覆，也可以让家人和睦相处。

不过在我的记忆中，“春天之家”的那位朋友并非从一开始就拥有如此温和的性格。他原本也是一个极易“怒发冲冠”的人。“春天之家”那位朋友还告诉我们，是他的妻子改变了他的性格。

“多亏了我的妻子，我才会变得这么平和。”

“你的妻子？”

“是啊！”

“春天之家”那位朋友的妻子，即使只是说一句话，也都说得极其温和轻柔。平时她总是称赞自己的家人，也总是担心家人的身体健康，家人一旦有了困难，她也总是给予贴心的支持和鼓励。如果出现了和丈夫意见相左的情况，她首先会倾听丈夫的主张，然后在尊重丈夫的前提下，找出妥协点。她是一位具备了贤明品质的妻子。

结婚初期，“春天之家”那位朋友的嗓门儿很高，刚开始还以为自己已经掌握了家庭的主导权，并为之沾沾自喜。可生活了一段时间之后他才明白，由某一方行使一个家庭的主导权，并不能确保踏上家庭和睦的康庄大道，而且效果恰恰相反。此后，他开始努力模仿妻子，在说话的时候让自己的语气变得更加柔和一些。如此一来，他发现妻子更高兴，也更爱自己了。孩子看到这种变化，自然而然地学习父母的言行，于是跟孩子的关系也得到了很大的改善。

如果彼此提高嗓门儿说话，那么即使是一件小事，也很可能就会演变成一场电闪雷鸣般的争吵，绝大多数夫妻争吵的原因也大都在此。可如今，他们家里再也不存在这种情况了，所以就算哪一方想要故意找碴儿，也很难真正吵起来。

“对我来说，我的妻子就像春光一样明媚。”

“春天之家”那位朋友这么说着，脸上露出明朗的笑容。他看上去，像一位拥有了全世界财富的富翁一样心满意足。

“冬天之家”那位朋友的身上也开始发生变化。他以往总是为家庭里的一点小事就频频皱眉头，可现在，他的表情也开始变得舒展起来。春天也已经来到了“冬天之家”。略有不同的是，在他们家，是丈夫首先带来了一阵春风。他在“春天之家”领悟到了幸福的秘密，于是他跟妻子说话的时候开始变得轻柔起来。他也变成了一个“像春天一样的丈夫”。

一句温暖柔和的体贴话，一份呵护关怀对方的心意，一点点积累起来，就足以让一个家庭沉浸在幸福当中。

2 艰难岁月中的幸福

如果说童话世界中的彩鸟能衔来宝石
我们能说这就是一个幸福的故事吗
家庭的幸福才是彩鸟的真正礼物

罗英和基成是一对生活艰难的夫妻。大学刚毕业他们就结婚成家，之后就开始经营一家网店，专门销售各种服装。但是他们的业绩并不理想。

夫妻两人相信再坚持一阵儿，情况总会有所好转，因此一直在不停地努力。在这种艰难的处境下，妻子罗英怀孕了。罗英平时就喜欢吃东西，怀了孕以后，她的食欲就越发大振起来。可是，他们的生意不景气，一连几天，每天连本儿都收不回来，所以即使看到什么想吃的东西，也不敢敞开肚皮大吃一顿。因此，她每天都会在电脑上浏览那些美食网，或一些美食家的博客，查看贴出来的秀色可餐的美食图片，聊以满足自己的口腹之欲。

基成一时想不起用什么办法才能给怀孕的妻子买些好吃的东西，于是打起了动用信用卡的主意。

“听人说，要是怀孕的时候不能想吃什么就吃什么，生下来的孩子说不定一只眼睛大，一只眼睛小。咱们还是别等现金了，刷卡吧。”

“不行。这些食物都太贵了。再说了，要是一时还不上，那得多付多少利息呀……绝对不行。咱们的孩子还没出生，爸爸妈妈就已经背了一身的债，实在不妥。有句老话不是说，用眼睛也能吃个半饱吗？我就这么用眼睛看一看，就已经很知足了。”

罗英这样宽慰基成。

“你瞧！这是写给那些老一辈人的童话，说是以前的老奶奶们怀了孕以后，因为没什么好吃的东西，只好到百货大楼里的免费品尝柜台吃个够。咱们还远没到这个程度不是吗？何况乡下的爸爸妈妈寄来的大米还有不少，还给咱们腌制了那么多的泡菜呢，你还担心什么？”

“那也是，怎么能让你整天吃泡菜啊？你已经不是只身一人了……”

“没关系啦。咱们可以煎泡菜饼吃，还可以炒泡菜，也可以炖泡菜汤喝啊……光有泡菜，也能做出无数种好吃的东西呢。”

“你那么喜欢吃肉，可我连肉都不能给你买一些。我真是愧对你和孩子。”

“难道你忘了吗？你和我不是事业伙伴吗？事业没什么起色，这是咱们俩共同的问题，而不仅仅是你一个人的问题。对于一个孕妇来说，富含乳酸菌的泡菜比肉类食品更有益处。所以你就别再操心了，你还是多想想怎么让更多的人了解到咱们的网店吧。”

“是啊。是得让更多的人了解咱们的网店才是……现在，网上商店本来就很多，我一时也不知道究竟该怎么去做好这件事。不过有一点可以肯定，咱们最终还得以质量取胜。这样慢慢做下去，总会有个好口碑的。另外，咱们还得多用心管理回头客。”

虽说生意不好了，夫妻之间的争吵也就会多起来，可基成和罗英却在彼此安慰对方，并以这种团结一致的精神共渡难关。

“今天晚上我们登山俱乐部有个活动，我可能得去一趟。上次他们还问起过，要是团购咱们的服装，咱们能给什么样的优惠呢。他们说，要是咱们的套衫不错，他们就打算团体购买。所以我今天怎么也得去一趟。”

“好啊，好啊！那个俱乐部不是有多达一万多名会员吗？他们会定多少套呢？一百套？二百套？不过，亲爱的……你脸色怎么这么难看？”

“我怎么了？”

“哦，我差一点忘了。给你会费。”

罗英说着从抽屉里取出三万韩元递给基成。

“你这钱是从哪儿来的？”

“上次妈妈给的，说是让我买些吃的东西。你可记住了，这也算是我的一份投资。你今天没拿会费，去了可能就拿不回订单了。”

基成无言地接过罗英递给他的钱。

基成一直以来都认为，通过这种人脉做生意绝非长久之计。因此，到现在为止，他基本上没有拜托别人帮自己一把。可是，他们的生活本来就很艰难，何况现在罗英还怀上了孩子，所以不久以前他曾向自己所在的登山俱乐部网站的系统管理员提过团购的事情。按理讲，他这次是为了拿到这个订单才去参加活动的，所以他的脚步应该是轻快的。可是，一想到罗英一个人在家里吃米饭就泡菜，他的心情就沉重起来了。

活动结束以后，基成回到家里，把一个黑色的信封递到了罗英跟前。罗英接过信封打开一看，里面是一份包装好了的猪蹄儿。

“这个猪蹄儿太好吃了！也许是上得太多，大家的筷子都没怎么碰这道菜，所以我就打包带回来了。”

聚会的时候，餐桌上上了那么多菜，可基成想起罗英，竟一口也吃不下去。于是当聚会结束以后，他就悄悄让服务员给打了包带回了家里。

罗英接过猪蹄，为基成的细心而感动不已。基成本来就不怎么喜欢跟陌生人打交道，性格也比较内向。这么一个寡言少语的大男人，怎么好意思开口让服务员把剩下的菜给自己打包呢？他接过餐盒那一瞬间，又会是什么样的一种表情？罗英觉得，要是基成的心里不是在想着自己，这样的事他是万万做不来的。

“包装得很仔细。对了，还另外给你装了些生菜。”

“带了这么多好吃的！”

“不是。我很抱歉把我们吃剩下的带回来给你。我以后一定挣钱给你买很多很多好吃的东西。”

罗英仿佛是为了打消基成心中的愧意，从餐盒里抓起一块猪蹄儿大口吃起来。

“富人们该怎样才能感到幸福呢？”

“怎么突然问起这个问题？”

“我觉得，对于那些富人来说，他们可能不会因为一件小事而感到幸福的。你想想看，给一位百万富翁送一枚金戒指，他在接过戒指的时候会有所感动吗？”

“估计至少还得镶着一块宝石吧。”

“是吧？所以我说艰难的生活并不是一件坏事。正因为我们的生活如此艰难，所以我才会因为这么一块猪蹄儿而感动，而感到幸福不已。能吃到充满你的爱意的猪蹄儿，我别无他求。我好幸福！”

满足于一件小事，并因此而充满喜悦，这就是幸福。幸福不会来自于远方，幸福也不是什么人送给你的。幸福就在你一转念之时降临到你身上。

3 人生是玫瑰花坛

有一个人的妻子说：人生是玫瑰花坛
她的丈夫十七年来为了家庭努力工作
有一天他却突然晕倒在地。如今，她为了丈夫
每天推着一辆手推车给别人送酸奶
她说，这样努力下去，总有一天会云开雾散

你是否见过色彩绚丽的玫瑰花坛?

只有挺过了漫漫寒冬的玫瑰，才能抽出新芽；也只有战胜了蚜虫摧残的花蕾，才能绽开美丽的花朵，散发出浓郁的花香。也就是说，经历了痛苦，玫瑰的枝头才能盛开艳丽的鲜花。我在想，人生是否也与此相仿？在人的一生当中，我们自然会遇到欢乐与悲伤，绝望与欢喜。我们无法因为人生的艰难困苦而采取逃避的态度。

有一位妻子，她把人生比作一个玫瑰花坛。因为她既是一个妈妈，同时也是一个妻子，所以在遇到任何苦难之时，她都怀着一颗园丁之心，像侍弄她的花坛一样尽心照料她的家庭，并一次次战胜生活中的坎坷。

清晨五点。

芝妍这一天又在黑暗中睁开了双眼。她并没有预先设定叫早的闹钟，也没有人过来把她推醒，可她还是按时醒过来了。她唯恐吵醒了睡在身旁的丈夫，小心翼翼地从床上起来下地，然后穿上衣服，径直走进厨房，去为一家人准备早餐。

她做好了饭，煮好了汤，备好了早餐，然后走进两个女儿睡觉的房间里，一一把她们叫醒。她叫醒了孩子们，让她们准备吃饭上学，等自己的丈夫和孩子们开始吃饭，她这才走出家门。

芝妍今天又是第一个来到供应站的。她开始忙着推过属于自己的手推车，然后领取了今天应该配送的酸奶和饮料。她推了满满一车配送商品，匆匆忙忙地离开供应站，向附近的小区走去。她匆忙的样子，像是正被什么可怕的动物追逐。

尽管紧赶慢赶，可时间仍然到了八点钟。芝妍看了一眼手表，心情更加焦急起来。她于是继续奔忙。等到她把酸奶送进301室的酸奶盒子里，时间已经到了中午十二点。突然，301室的房门打开了，一位老奶奶露出半个身子，向她说道：

“孩子他妈，你等等。”

“怎么？您有什么事吗？”

“送了一上午酸奶，一定很累了。来，喝杯蜜糯汤再走吧。我昨天刚做的，味道很不错的。”

301室的老奶奶拉住了芝妍的袖子。芝妍的心情比跑来跑去的身体更忙乱，她一边摆手，一边对老奶奶说：

“对不起，老奶奶。我现在有点忙。”

“你整天都这么忙。不过今天你可不能就这么走了。来，坐下来喝一杯喘口气再走。谁不是为了活着？犯不着这么着急忙慌的。”

“不是啊。老奶奶，我今天有点晚了。您心里这么想着我，就跟我喝了一杯蜜糯汤一个样。多谢你了，老奶奶。我下次一定来喝一杯。”

“你给我们家送酸奶都已经整整一年了，却连一杯水都没喝过我们家的。我们每天坐在家里喝你送来的酸奶，又哪能每次都让你这么走？还是快进来喝一杯蜜糯汤吧，这样我的心里才觉得好受一点。”

“还是下次吧。”

“哎呀，我老人家这么请你，你就假装盛情难却，坐下来就是了。哪来的那么大的拧脾气？有什么事情让你这么忙，整天东跑西颠儿的，你不妨说给我听听？我今天绝不会让你就这么跑掉的，还是快坐下来。来，坐，坐。”

芝妍实在拗不过301室老奶奶的盛情，无可奈何地在她家门廊坐了下来。

“孩子他妈，看你这么辛苦，就知道你是一个勤俭持家的人……肯定不是急着去干什么别的勾当。到底有什么事情，让你整天都这么忙来忙去的？”

芝妍从老奶奶淳朴的目光中感受到了母亲般的慈祥，于是她开始向老奶奶述说起一直以来深藏在自己内心深处的事。

“事实上，我本来应该赶回家里，给家里做午饭。”

“午饭？你是在伺候公婆？”

“不是。是孩子他爸……”

“是孩子他爸在家里游手好闲？”

“不是。他不是待在家里玩儿……”

“那也是。如今这个世道，怎么会有脸皮这么厚的男人，自己不出去挣钱养家糊口不说，还要坐在家里吃现成的！听现在的年轻人说，无条件善待自己的男人，也不见得就是一件好事。”

“孩子他爸很久以前摔倒了，现在都不能行动自如。”

“嗯？怎么回事？孩子他爸中风了？”

“是……”

“哎哟……世上怎么会有这种事情啊。年纪轻轻的，怎么就中风了！真让人可怜。所以你这年轻的妈妈才这么辛苦。那，已经有多长时间了？”

“一年多了。”

“这样啊。你可是受了不少苦。”

“这算不得什么苦不苦的。刚开始的时候我两眼一片漆黑，不过现在好多了。我丈夫现在也已经好多了，原来一动都不能动，可现在，他差不多一个人能去洗手间了。”

“你这个年轻的妈妈可真不简单。”

“还是躺在床上的人受苦。我手脚倒还利索，也没什么……”

“那也不是一件容易的事情。你这个年轻的妈妈可真了不起。你就是为这才开始送酸奶的？”

“是……”

“送酸奶可不是个轻松的活儿……”

“开始的时候还真是把我给累坏了，不过现在已经习惯了。生活方面和在孩子身上花的钱也都不少，我只能这么出来挣一点儿。我要是去哪家公司上班，就很难照顾卧病在床的丈夫了。所以就在附近找了一个自己也能干，而且只要辛苦一点就能抽出空来的活儿。”

老奶奶点了点头，然后说道：

“你赶紧回去给孩子他爸做午饭吧。我可别耽误了你的时间。”

“您说哪里话呀，我感谢您还来不及呢。您就像我的妈妈一样，跟您说说心里话，我的心情舒畅了很多。”

“好好。不停地努力，总会有好日子过的。”

走出居民住宅区后，芝妍推着手推车向家里走去。丈夫已经半身不遂，即使口渴了想喝一杯水，也需要付出比他人多出十倍二十倍的努力。她知道这样一个丈夫正在家里等着自己，不由自主地加快了脚步。她们家住在小区的一个半地下室里。芝妍来到小区里，把手推车停放在靠窗的地方，然后推开门走进了家里。

“亲爱的，我回来晚了。等急了吧？”

她这样说着，习惯性地向厨房扫了一眼。厨房的情形让她吃了一惊。最初，她还以为是孩子们吃完了早饭以后，把吃剩的小菜都收到了冰箱里，所以餐桌上才这么干净整洁。可事实并非如此。碟子上的小菜都是新盛上去的。不仅如此，丈夫在一旁流着汗水，正努力把一双筷子整齐地摆放到餐桌上。

“你这是怎么回事啊？亲爱的，这……”

“亲爱的，你回来了？我……我想……”

“这桌饭是你操办的？是不是看我这么辛苦觉得可怜了？”

“不是。”

“那你是为了什么呀？我干一会儿就能干完，你何必花这么长时间……你看你流了这么多汗。你身体不方便，为什么还要受这份苦啊？”

“你不是很辛苦吗？”

“我还好。所以呢，以后你就别再这么做了。你要是这样，我就该伤心了。”

“我……我……没……怎么……费力。还……好。”

听了丈夫艰难地说出的话，芝妍的眼里闪出了泪光。

“怎么能不费力啊？你看你浑身都被汗水湿透了。你要是有这个时间，还不如多做做康复运动，也许那才会真正帮上我的忙。亲爱的，你可别再这么干了。我不累。我能在你的身旁干活，这是一件多么幸福的事情！我在外面干活，就是为了过一会儿高高兴兴地回来给你做饭。咱们结婚这十七年来，你一个人不也一直都在拼命干活吗？你正是为了我们一家辛苦工作，才累成了这个样子的。现在，该轮到我了。我会努力工作，来维持咱们这个家庭的。我还要找回你的健康呢。”

“我也……也……想……帮你……干点。所以才……抱歉了。”

芝妍紧紧抓住丈夫的双手，好容易才忍住了眼泪。她绝不能在自己所爱的丈夫面前，在深爱着自己的丈夫面前落泪。

芝妍面带幸福的微笑，在丈夫备好午餐的餐桌前坐下来，然后等丈夫小心翼翼地把一口饭送进嘴里，再喂他一口菜。看着丈夫像孩子一样笨拙地吃饭的样子，芝妍觉得人生就像是一个玫瑰花坛。

她想，在风风雨雨中，玫瑰花仍然傲然怒放，并以它的艳丽和浓郁的芳香，给人们带来无尽的欢乐。她坚信，现实虽然像一个漆黑的隧道，但在穿过了这样的黑暗之后，她的丈夫终将恢复健康，她的家庭也将重新找回失去已久的幸福……

芝妍把丈夫最喜欢吃的一块煎豆腐放到他的羹匙上，然后对他说：

“你一定能恢复健康。我坚信。我爱你，亲爱的。”

听了芝妍的话，丈夫的神情也像一朵玫瑰花一样变得明朗起来。他点了点头，眼里闪出了幸福的泪光。芝妍知道，丈夫如今也跟自己一样对明天充满了希望。芝妍看着丈夫的面孔，心中一朵含苞待放的玫瑰正缓缓抬起头来。

4 让你的心为之融化的三句话

有这样三句话，可以像春风一样
吹入冷若寒冬的心田
对不起、谢谢你、我爱你

“我回来晚了，对不起。是不是饿了？我马上做晚饭，你稍等一下。”

妻子脱掉了皮鞋，立刻直奔厨房而去，里面很快传来开冰箱门的声音和切菜的声音。不一会儿，从厨房里飘出一股浓浓的酱汤味儿。这时，妻子提着丢在餐桌上的外套和背包，从厨房里走了出来。

“亲爱的，快过来，晚饭已经准备好了。我给你煮了你最喜欢的酱汤，快过来趁热吃吧。我先去洗一下。”

妻子一边背过手去给自己捶着背，一边看着我的眼色回到房间里。我又累又饿，没好气地对妻子说吃了再洗也不晚。每当我一个人坐到餐桌前吃饭的时候，我就对在外工作的妻子感到不满。一个女人家，出去挣又能挣几分钱，竟然不顾家里的事情，出去吃这份苦。一想起这件事，我就禁不住开始抱怨自己的妻子。

结婚十年了，我们也没有孩子。其间，我们曾几度采取过人工受精的措施。人工受精无论是从肉体上，还是从精神上都让妻子感到疲劳，而且也花掉了远远超出我们预想的费用。可是，人工受精每次都以失败告终，随之而来的债务也让我们在一次次的失望之余，陷入更大的痛苦之中。于是我对妻子讲，不要再对孩子抱有什么幻想，妻子也泪水涟涟地点头同意了我的提议。在此之后，有很长一段时间，妻子都显得无精打采。她说自己没什么颜面行走在这个世上，也没脸见我这个丈夫。

就是这么一个妻子，有一天却突然眉开眼笑地对我说：

“亲爱的，我今天去面试了。”

“面试？就业面试？是吗？”

“嗯。”

“什么单位会用你这样一个老大嫂啊？”

“说的是啊。可事情就这么巧，单位让我明天就开始上班。”

“明天就开始上班？怎么会有这样的事情？你是不是被什么人骗了？最近的世道可够让人担心的了，你是不是仔细了解过了？”

“我的职位是一个大型超市的收银员。是一个可靠的地方，我也做过详细的调查。其实，我开始还担心不会被他们录用，所以都没敢告诉你一声。这段时间我一共接受了两次面试，最终被录取了。”

妻子有了工作，她为此感到兴奋不已。不过与此相反，我却有些不大情愿，于是向她提出了各种不同的意见。

“这样不就整天跟钱打交道了吗？你结婚以后就一直待在家里，一次都没参加过工作，这种工作你怎么能胜任呢？别打不着狐狸倒惹身骚，还是老老实实在家里待着吧。”

“你别担心了。从明天开始，单位将进行为期一个月的岗位培训。接受了培训以后再干，我想我也能做好这份工作。到时候实在太累了，我就跟你说。我想要这份工作。嗯？”

“你到底是为了什么呀？你身体这么弱，别为了挣俩小钱儿，回头反倒花掉更多的治疗费。”

“我不会那么不照顾自己的。我会认真管理好我的健康，你就别担心了。请等好吧，嗯？”

“你要是想借口工作，不顾家里的事情，整天早出晚归，我劝你还是干脆想都别想了。你保证能像现在这样在我回家的时候首先回到家里，把屋子收拾好，还把晚饭给做好吗？你要是没这个信心，我劝你就别做了。”

我还以为我这番近乎威胁的话，足以让她打退堂鼓，或者开始犹豫起来。可妻子似乎毫不动摇。

我以为，妻子从没参加过什么工作，何况很长一段时间以来，频繁地经历了人工受精的失败，因此身体一定十分虚弱。因此我打心眼儿里不赞同她去工作。可是，我们家的处境实际上几乎已经不容我反对她去做这份工作了。这段时间以来，我们的信用卡透支了很多，每个月光是还息就已经让我穷于应付，就更别指望什么时候能还上本金了。我不得不承认，靠我一个人在外打拼维持我们家的生活，确实有一定的难度。即便如此，妻子找了份工作准备打工，这在我看来仍然是一件颇伤自尊的事情。

刚开始的时候，妻子显得很费力，但没过多久就慢慢开始适应了。妻子是个诚实勤劳的人，因此她的能力开始慢慢被单位认可。如此一来，原本比较消极内向的妻子，也在生活中更加活泼开朗起来，性格上也发生了明显的积极变化。这当然不会是一件轻松的事情。她一整天都要站着计算、收银，面对形形色色的顾客，可以说这是一项繁重的体力劳动，同时也是一种时时需要亲切待人的服务工作。也许是这样的原因，精神上的压力和身体方面的疲劳，使她总是打不起精神。可即便如此，妻子仍然不拒绝加班加点地干活儿。当时我还以为妻子的身体还能消受得了，所以她才这样坚持。

有一天，妻子邀请我去南山脚下的一家简易的西餐馆吃饭。那是我们谈恋爱的时候经常光顾的一家餐厅。刚结婚那一阵子，我们还常常去那里吃一顿，可后来，随着我们遭遇到生活中的各种坎坷，已经有好几年不再光顾了。妻子说，不知道那家餐厅是否还在经营，所以很想再去看一眼。听了这话，我才想起我们已经有太长时间没有一起外出，于是我便爽快地答应了。下班以后，我前往妻子工作的那家打折超市，把她接出来以后驱车直奔南山。由于是正常的上下班高峰，道路异常拥堵，可妻子也不知哪里来的兴致，在车里兴高采烈地说个没完。对于这么一个算不上正式的外出活动，她都觉得如此开心，我因此感到很是过意不去。

我们很久没有造访南山这一带，看得出这里已经发生了很明显的变化。我驾驶着汽车，心里还在隐隐担心那家餐厅可能已经不再经营了。就在这时，妻子激动地指着窗外的某处大声喊道：

“亲爱的，在那儿！”

我顺着妻子手指的方向看去，我们以前经常光顾的那家简易西餐厅带着一身岁月留下的痕迹，依然静静地卧在那里。我被妻子牵引着走进这家餐厅，找了一个位置坐了下来。我们点了一道恋爱时期最喜欢吃的炸猪排有滋有味地吃了起来。吃完了饭，妻子脸上泛着红光，从她的背包里取出我们的存折递了过来。我打开一看，原来是赤字的账面上，已经多出了一万七千八百韩元。这个发现让我吃惊不小。妻子扑闪着双眼对我说：

“咱们现在才开始呢。等咱们把剩下的欠款还清，到那时咱们开始供一套房子吧。咱们俩连个孩子都没有，到老了，怎么也得有点钱不是？”

“你什么时候把咱家存折上的账面扭亏为盈了？”

“我在外面辛苦挣钱就是为了有这么一天。以后我还会继续努力攒钱的。”

我震惊不已。按理说，此时我再怎么夸上两句也都不为过，可我依然像我过去所做的那样冷冷地给她泼了一盆凉水：

“你再这么下去，是不是会发展成爱钱甚于爱丈夫的女人啊？上了年纪后若是没了钱，是不是就会无视我这个做丈夫的？”

我明明知道妻子是为了我们家才这样在外面打拼的，可话一说出口就变了味儿。此后，接近年底，妻子越发频繁地加起班来，回家的时间自然也就随之推迟了。我经常一个人在家里等着等着，最终还是一个人打电话叫外卖，随便对付一顿了事。当我看到妻子还没来得及打扫而积满了灰尘的角落，我就会无端地抱怨起她来。有时我约好了朋友到家里来做客，可我们家的晾衣架上依然挂满了还没有收回的衣服。每当看到这些不尽如人意的琐碎的事情，我就对妻子充满了怨言。

“你是不是也得想想在家里等着你的人呢？”

“我很抱歉。”

“赶紧拉倒吧！这还算个什么家啊？”

这一天，我依然先于妻子下了班，回到了冷冷清清的家里，没有什么人在家里因你的到来而欢喜，我自然没什么心情回到这样的屋子里去。不一会儿，电话铃响了起来。

“亲爱的，是我。今天本应接替我的员工无故缺勤，我可能得晚些时候才能回家。”

一听这话，我立刻发起火来。

“什么？那个人没来上班，跟你有什么关系？就说你得回家了，赶紧给我回来！”

“人怎么能这么做事啊？你也是个上班的人，怎么好……”

“怎么就不行？那么个破工作，大不了不干就是了！我难道让你饿着肚子了吗？我没让你穿上你想穿的衣服吗？我让你无家可归了吗？你到底是为了什么去上这个班儿，惹得我生一肚子的气？现在马上给我回家，听到了吗？”

我甚至都没给妻子辩驳的机会，就把电话给挂断了。那天，妻子比平时晚了两个小时才回到家里。一听到她用钥匙开门的声音，我的火再次腾地冒了出来。

“你是不是觉得我的话很可笑？我不是说过让你马上回家吗？那个破工作，你赶紧给我辞了！我人都被你折磨成什么样子了，挣点破钱又有什么用处？”

“你实在是太过分了。我怎么了，你竟然这么……你怎么这么不理解我？你真的是太过分了。”

以往，要是遇到这种情况，妻子早就跟我说对不起了。可那天，妻子用一种极其疲倦的声音，顶了我几句。在此之前，妻子从来没有跟我顶过嘴。见她这样，我尽管有些惊诧，可我的气还是消不下去。

“你说我太过分了？有你这样的女人吗？过了晚上十点钟，还不给丈夫做饭？”

“难道我是在外面闲逛来着吗？”

“所以我才让你把那份破工作给辞掉不是吗？你不挣那俩小钱儿，咱们家也能维持生活。”

沉默了一小会儿之后，妻子的眼里突然盈满了泪水。她低声说道：

“谁说是因为咱们家这会儿就没钱花，所以才去上班了吗？那你说说，我整天在家里干什么才好？咱们家就你我两个人，可你一旦上了班，家里就剩下我一个人待在空荡荡的房间里。我整天无所事事，你让我干点什么是好？”

妻子哭着，哐的一声关上门，回到了房间里。看到她的背影，我不禁有些内疚起来。我意识到我的小肚鸡肠，并为此深深惭愧。我原以为妻子就是为了把以前的欠款还回去，所以才去干这份工作的，而这种做法尤其无法让我接受。这都是我的自尊心在作祟。因为我觉得，这样一来也就是在表明我的无能。

我心中惴惴不安，好几次想进到房间里去安慰安慰妻子。可我仍然难以面对妻子。这一天，我最后还是在客厅里睡了一夜。我暗下决心，等天亮了，一定要向妻子当面道歉。第二天早晨，大门被轻轻推开的声音把我吵醒了。妻子好像出门上班去了。我还是没有勇气面对妻子，于是接着躺了一阵儿，等完全清醒才慢慢爬起来。

妻子已经给我做好了饭摆在餐桌上，并用一块纱布盖好，旁边还放着一张小纸条。

亲爱的，汤和饭要是凉了，你用微波炉热两分钟即可。

年底了，超市里很忙，我也很累，所以昨天晚上才跟你发脾气。

你虽然嘴里那么说，可我知道你一直在担心我的身体，而且为了我在外面工作而感到惭愧，我知道你心里就是这么想的。

我会小心照顾自己的，你放心好了。

亲爱的，对不起。还有，谢谢你。

我爱你！

对不起、谢谢你、我爱你……这是我们恋爱时期妻子在每次来信的末尾写上的话语。以前，每次吵架，妻子总是以这种方式首先向我伸出和解之手。而我也总是假装认输，接受她的道歉。所以，即使明明是我做错了事情，可到头来还会以妻子的宽容告终。长此以往，在我的内心深处，也就形成了这样一种观念：无论如何，必须由妻子首先做出服输的姿态。

这一夜妻子肯定也很伤心，可她还是早早起床给我备好了早餐，还细心地给我留了一张纸条……我那时认识到妻子的度量要比我这个男子汉大丈夫大多了。妻子的纸条让我的心为之震动，一阵愧意袭上了我的心头。

几天以后，妻子的生日就要到了。我打算送给她一个漂亮的生日礼物，一来安抚一下她的情绪，二来也想向她表示一下我的歉意。可是，我怎么也想不起妻子究竟会喜欢什么样的礼物。苦恼了几天，我最后决定给她摆一桌像模像样的生日宴席。因为我想，用钱买个礼物送给她固然不错，可我更想亲自动手把她奉为我的女王——哪怕仅仅是一天。

妻子的生日那天，我请了假提前下班，然后到市场上买了东西回来，又在小区入口处的一家花店里买了几朵鲜花。回到家里，我还破天荒地打扫了卫生。

既然我比妻子下班早，从今往后，就应该由我来给两个人准备晚饭。我一边这样暗自思忖，一边开始准备生日宴席。我从没想到，给自己的妻子做一顿饭，心情会如此之好。在给予时，相爱的人会体会到更大的喜悦。我对这句话有了更深的认识。

准备好了生日宴席，我便给妻子打电话。可是妻子的手机关机了。我不知道是否因为她的手机已经到了年限，总之她的手机最近总是处于关机状态。一旦临时加班，妻子一定会提前给我打个电话过来，所以我估计今天她不会再加班了。要是在平时，她应在三十分钟以前就已到家。我又给妻子的单位打了电话。过了好一会儿，接电话的人告诉我，我的妻子在一个小时前就已经下班了。

我的心一下子沉了下来。我开始隐隐感到有些不安。妻子究竟为什么还没回家？我左思右想，怎么也得不到答案。后来甚至还怀疑过她是不是因为身体虚弱，在回家的路上晕倒在了什么地方。我后悔怎么没有早些给妻子换一部手机。我一边这样自责，一边走出了家门。

已经是十二月了，人们匆忙地行走在充满了圣诞气氛的街道上。在行人当中，有的人手中抱着硕大的礼品盒，有的人和恋人一起手挽着手悄悄私语，而有的人三五成群地吵吵嚷嚷着一闪而过……可我没有看到我的妻子。我的心情越发焦急起来。

"这个人是不是真的晕倒在什么地方了？她身体那么虚弱，我怎么就放心让她一个人上下班？妻子要是平安回来，从明天起，我一定要接送她上下班。回到家里还要跟她一起做家务。求求你，上帝啊，请你一定保佑我的妻子平安回家！"

我心慌意乱地这样在心中暗暗祈祷。

妻子晕车晕得很厉害，所以平时主要是乘坐地铁上下班。我在我们家附近的地铁出口处不停地踱来踱去。随着地铁进站的声音，已经有好几拨人蜂拥而出，然后纷纷消失在夜色之中。我已经不知道这样目送了多少陌生的面孔。后来，我终于在人群中发现了妻子的身影。我按捺不住激动的心情，无所顾忌地大喊了一声"亲爱的！"妻子发现是我站在这里，脸上现出吃惊的样子，问道：

"你怎么会跑到这里等我？怎么连外套都没穿一件啊？你看你的手都给冻红了！耳朵也冻着了吧？你都在这里站了多久啊？"

"嗯……没多长时间……"

见到妻子，我心里的一块石头总算落地了，可嘴里说出的话还有些含混不清。

"也没加班，怎么回来这么晚啊？"

“好像是太累了。我在地铁车厢里打了个盹儿，没想到坐过了好几站才醒过来。”

妻子尴尬地笑了笑。看到她这副可爱的样子，我瞬间就把寒冷和疲劳忘到了脑后。见到妻子安然无恙，我浑身轻松起来，于是一把将她搂在了怀里。

“天哪，让人看见多不好意思啊？老大不小的。”

“看到又怎么样？咱们是合法夫妻嘛。”

妻子表面上显出害羞的样子，可似乎还是很高兴我出来迎她，竟然格格地笑了起来。她用自己温暖的双手捂着我的耳朵，贴着我的脸悄声说道：

“亲爱的，对不起了。谢谢。还有，我爱你！”

5 交流是打开心灵之门的钥匙

神没有把透视心灵的能力赋予夫妻
可是神赋予了他们更强大的能力
开诚布公的交流——这把开启幸福之门的钥匙

几个月前，家里出了一档大事。我的丈夫失业了。孩子们都还很小，丈夫正值努力工作的年龄，可他偏偏在这个节骨眼儿上失去了工作。这对我和丈夫本人而言无异于一场灾难。刚开始的时候，我们都很紧张，不知道以后的日子该怎么过下去。我们觉得前途渺茫。可是，丈夫宣称，他将利用这段时间给自己充电，然后重新爬起来。这既是他在自勉，同时也是在鼓励我。可是丈夫的充电时间比我们预想的长了很多。等到他在家里歇了三四个月以后，尽管我和丈夫两人谁都没有表现出来，但我知道我们都已经深感不安了。

把孩子们送到幼儿园，回到家里清扫完房间之后，我正在厨房清洗餐具，突然接到了高中同学打来的一个电话。我们之间有很长时间没通过电话了，聊了大半天，我心中的抑郁多少得到了缓解。同学还在电话里再三强调，一定要我参加几天以后将要举行的同窗聚会活动。我爽快地答应下来了。

可是挂了电话以后，我又开始担心起整天待在家里的丈夫来了。因为自从失业以后，丈夫每天都窝在家里，却没有一个人打来一个电话问一声。以前隔三差五聚在一起喝酒吃饭的朋友们都去了哪里？这一点连我都有些想不开。我的丈夫没有什么特别的爱好，每天我把饭菜端上来，他默默地吃完，然后要么看看报纸，要么偶尔到附近的山上散散步。对于这样一个丈夫，我尽管心有不忍，但既然已经应下了，就不得不硬着头皮决定去参加同学们的聚会。

"亲爱的，星期四中午我们高中同学有个聚会，我能不能去参加啊？"

"哦，是吗？那你就去吧。"

"我出去了，谁给你做午饭啊？"

"有饭有菜，我自己热热吃不就行了？"

"真的？你一个人不会无聊吗？"

"看你这个人……我又不是一个孩子，一个人待着就会无聊？别操这份闲心，到时候你就去吧。好久没有跟朋友们聚一聚了，你也趁此机会出去散散心，吃吃喝喝，再跟朋友们聊聊家常。"

"谢谢你，亲爱的。我去吃了午饭就回来。"

"不必这样。你们同学之间也好久不见了，吃了饭，再一起喝杯咖啡，彼此抖搂抖搂各家丈夫的丑闻。你就放心去吧。"

预定跟同学们聚会的星期四早晨，我一大早就开始忙了起来。先是把孩子们送到幼儿园，然后清扫房间，紧接着清洗餐具，再手忙脚乱地把丈夫的午餐准备好，之后才走出了家门。

结婚生子以后，我整天忙着照顾孩子们，有很长一段时间没有再跟同学们见面，因此一见之下，大家彼此都很开心。大多数同学的孩子都在上幼儿园，但也有几位结婚早的同学，都已经变成了小学生家长了。

不过，跟同学们之间的聚会并不都是高兴的事情。大家先是各自夸奖自家的孩子，后来慢慢演变成了对各自丈夫的品评。最初，大家先是抨击和奚落自己的丈夫，但后来慢慢就变成了对丈夫的夸奖。聚会进行到这个阶段，我就变成了一个哑巴，只能静静地听她们讲述自己的故事。朋友们也问起有关我丈夫的情况，可我一句也答不上来。我开始觉得坐在那里很不舒服了。但我也无法站起来拍屁股走人。因为很久不见的同学们好容易才见一次面，大家都很尽兴，根本没有结束的意思。有的人甚至指责那些打算打退堂鼓的同学："又没有把一块抹了蜂蜜的糕点放在家里，这么急着回家，难道是怕别人偷吃了不成？"于是，到了天快黑的时候，大家才一边相约下一次的聚会，一边陆续离开座位。我匆匆赶回家里，可丈夫的脸色已经十分阴郁了。

"亲爱的，午饭吃过了吗？"

"当然吃过了。现在都已经几点了，怎么才回来？"

"同学们一再挽留，实在脱不开身。你不是让我放心去玩儿一回吗？你这怎么又发起火来了？"

"那也是。说好了吃了午饭就回来，可这么晚回来能行吗？你就没想想待在家里的人？别提了，跟孩子们折腾了大半天，你知道有多累吗？"

"跟孩子们折腾了大半天？我每天都是这么过的。你这才刚刚跟孩子们待了半天，就跟我吹胡子瞪眼的？"

"谁跟你吹胡子瞪眼了？赶紧给我上饭，我饿了。"

"你这么说我就不高兴了。我难道是家里的保姆吗？怎么看到我就光知道跟我要饭？你就没有长手吗？你怎么就连一顿饭都不会做？"

"你这个人嚷嚷什么呀？"

“为什么？我就不能嚷嚷几声吗？我难道就一定得在你面前低三下四的吗？”

“你真……你们女人就是……”

“女人怎么了？女人怎么了？”

“在一起都扯了些什么闲篇儿，回来竟变成了这个模样？是不是听别人家的丈夫在外面风光无限，就觉得我整天待在家里有些好笑？所以你才这么跟我大声嚷嚷吗？”

“你这不着边儿的说什么呢？谁那么说了？那是你自己认为比别人矮了半截。”

“矮了半截？是啊，我是比别人矮了半截！我除了比别人矮了半截就一无是处了！”

丈夫火冒三丈，晚饭也没吃，砰的一声撞上门，回到了房间里。要是在平时，我早就先过去向他赔不是了，可今天我一点都不想这样。我一边回想着刚才听到的同学们的丈夫一帆风顺的故事，一边想整天待在家里的丈夫。这么一比较，我开始为自己有这个无能的丈夫而感到自惭形秽起来。如果没有跟丈夫结婚，我现在也可能正过着另外一种生活。想到这里，我的心情变得更加糟糕了。

结婚以后，我把一切都交给了丈夫和孩子们。可有的同学为了实现自己的理想，依然在单位上班。她们说，在单位上班虽然很累，但由于丈夫的体贴，已经渡过了难关。听到这些话，我的心里就开始失衡了。她们几个上学的时候，学习都不如我好，可她们究竟是交了什么好运，竟然找到了那么好的丈夫，而且还能坚持自己的事业？和她们相比，我反倒要为失业在家的丈夫的午餐担心，这实在太让我伤心了。所以我根本想不起要主动跟丈夫道歉。

我在心里开始抱怨起丈夫来。“要是没遇到这个丈夫，我今天会是一个什么样子呢？要是我们只有一个孩子，情况又会如何？第二胎要是没生出双胞胎，我的人生又会是一个什么样子呢？”我这样想着，越发感到迄今为止的婚后生活令人失望之极。我觉得已经逝去的岁月实在太可惜了。

不过，我还是意识到得尽快跟丈夫和解。我们刚才的争执，如果不以我的主动道歉而告终，将极大地伤害丈夫的自尊心。于是我暗自打算请求丈夫的原谅。要想跟丈夫交流，我首先就得理解丈夫的立场。出于这种考虑，我先想了想丈夫目前的情绪状态。事实上，丈夫的失业并非出于自愿，他的失业也不是因为他无能才导致的，而是因为他所在的公司大规模结构调整，所以才让他失去了工作。在此之前，丈夫为了我们这个家庭一直都在兢兢业业。发生了这样的变故纯属意外……丈夫的心情已经糟糕到了极点，而我却只想到自己的感受……我的心开始不安起来。

过了一会儿，我冲了两杯咖啡，悄悄推开房门走了进去。丈夫看样子还很伤心，一个人傻傻地坐在床头。一看到他这个样子，我的心里就像针刺一样疼痛不已。

我走过去，把一杯咖啡递给丈夫。他看了我一眼，苦笑了一下，接过了咖啡。他能这样，更让我心生愧意。我无声地把头靠在他的肩膀上，真诚地向他道歉：

“亲爱的，对不起。我在回家的路上还想着跟你道歉，让你原谅我回来这么晚。可我失去了机会。还有，看到你发那么大火，我也有些紧张。”

“好了。都怪我不好。好容易有机会出去玩儿一趟，我却没能给予充分的理解。”

“不是。我一点都没觉得有什么意思。我差一点就提前回来，跟你和孩子们一起吃饭。”

丈夫听我这么说，慢慢道出了自己的心里话。

“我看见你刚才进屋时的眼神有些陌生。我以为你肯定跟同学们谈论了各自的丈夫，一想到这个，我的心情就变得焦躁起来。我想，你的心里说不定本来就已经在抱怨我这个失了业的丈夫，何况又被同学们奚落一番。”

“你说什么呀？我什么时候看不起你了？我还不知道你为了咱们这个家庭，一直都在勤勤恳恳地工作来着吗……我真的从来没有看不起你。你要是这么想，我可就委屈极了。”

“不是。我就是因为生气，所以才这么想的。”

“对不起。我以后一定早早回家。”

“我刚才生气，不是因为你回家晚了。你出去的时候还说吃了午饭就回来，可这么晚了，连个电话都没有，我能不担心你吗？最近社会上多乱啊，何况现在天黑得这么早……我还以为你这个女人在什么地方发生了交通事故，或者遇到了强盗，所以才……看不到你按时回来，我的脑子里无端冒出各种奇怪的念头。可是你回来这么晚了，连一句抱歉的话都没有，反过来还拿一些让人摸不着头脑的话来激我，所以我才觉得你是在瞧不起我这个丈夫。我不是因为你不理解我才生气的。”

我没能理解丈夫的内心，对此我感到十分惭愧。于是我一把抓过丈夫的双手，再次向他真诚地道歉。丈夫也紧紧抓住了我的双手，对我报以微笑。

我和丈夫约定：以后要是也像今天这样发生了争吵，无论是谁，都要主动伸出和解之手。以前，我认为谁先请求和解，谁就是在认输，所以道歉的时候总是犹犹豫豫的。可是，两个人之间能如此彻底地和解，而且和解了之后比以前更加懂得彼此珍惜，谁输谁赢又有什么关系呢？丈夫似乎也跟我有同样的想法，对我主动过来道歉一事表示感谢。

我认为，我主动向丈夫提出交流的做法是非常正确的。如果不是这样，我们夫妻之间将在很长一段时间里彼此误解，并对对方充满了怨恨。所以我认为交流是重要的。交流可以让我了解到对方未能及时了解到的想法，并开启一扇已经对你关闭了的心灵之门。

6 妻子的邮件

亲爱的，现在我也会发邮件了
邮件这个东西真的很神奇
亲爱的，你快回来吧
我给你煮你最喜欢的汤喝

这天，南洙又坐在电脑前打发时间。这时他的妻子走过来向他问道：

“亲爱的，学上网是不是很难啊？”

妻子突然问起上网这件事，这多少让南洙感到有些意外。

“怎么？你也想学学？”

“不是。我怎么能……我看你玩儿得实在投入，所以随便问问。”

南洙做梦都没想到妻子会对上网感兴趣，因此他着实吃了一惊。妻子为了给两个正在上初中和高中的孩子填补一些学习费用，整天忙着到供应站打些零工，所以别说是看书，平时都很少读报。由于这种原因，可以说妻子对社会上的流行趋势几乎是一无所知。她对机械一窍不通，加上又没学过英语，因此跟网上冲浪完全无缘。也正因为如此，南洙曾私下里判断妻子决然不会去上什么网，他认定上网这件事与妻子毫不相干。在公司里下了班回到家，南洙依然忙着上网，几乎都不怎么跟妻子聊天。

“是啊。也该让她到网上冲冲浪才是。”

从第二天早晨开始，南洙便付诸行动了。他趁着妻子在厨房准备早餐之际，在网上下载了一些家庭妇女需要了解的重要新闻，并把它们打印出来交给了妻子。其中包括当天的天气预报、应季的海鲜价格、各种家常菜菜谱、应对沙尘暴的护肤方法等资讯。当他把这些大多家庭主妇都会感兴趣的内容交给妻子，妻子显得有些难以置信。她不相信怎么会免费获得这么多有用的信息。

南洙从此开始教妻子上网。每个星期天上午，他都会拿出专门的时间帮助妻子熟悉网络。可是，妻子既不会英语，以前也没碰过电脑，所以教她学上网并不是一件容易的事情。妻子尤其分不清鼠标的左右键、点击和双击之间的区别。南洙感到无可奈何，可是一想到自己刚学电脑时的情形，他也就有了耐心。毕竟，跟自己比起来，妻子的学习进度至少快了一倍。

妻子学得非常认真。她把南洙讲到的关键内容一一记录到笔记本上，还把必要的英语单词记下来，背了一遍又一遍，直到完全记住它们为止。她甚至还把包括一些符号的网址也都记了下来。这样过了半年左右的时间，妻子终于能一个人在网上冲浪了。

南洙教妻子注册了一个电子信箱，然后把接发邮件的方法教给了她。刚开始妻子还无法理解这个过程。在这台电脑上写的信件，怎么能从另一台电脑上接收到呢？此外，登录以后一打开信箱，里面有好几个菜单，妻子根本分不清该从哪里进入。但是南洙安慰妻子说，这些早晚都会弄明白的。

南洙开始每周给妻子发送两三封电子邮件。邮件经常以“我充满智慧的妻子”“我亲爱的”“可爱的老婆”等多少有些让人脸红的称呼开始。平时，在日常生活中他们根本未曾面对面使用过这些称呼，可不知为什么，在网上他们却能随心所欲。

南洙的邮件内容每天都有所不同。如果妻子这一天有些劳累，南洙就会写道："亲爱的，今天辛苦了。咱们俩再加把劲儿，尽快换一所大点的房子吧。"他这样表示支持，同时也相互勉励。如果当天没什么特别的事情，他就像随便聊聊家常似的写道："今天公司里发生了这么一件事情……"当然，夫妻之间偶尔也会吵吵架。遇到这种情况，南洙就会在上了班以后这样写道："亲爱的，我刚才不应该跟你发火。对不起。请你给予谅解。我晚上给你买长崎蛋糕和果汁儿回去。"

妻子告诉南洙说，每天读他发来的邮件真是一件有趣的事情。有一次，南洙曾给妻子发过这样一封电子邮件："今天中午吃的大酱汤根本比不上你做的。我觉得花了冤枉钱。还是你做的菜最好吃。"结果，那天晚上，妻子竟然笑逐颜开地在屋外等着他回家。

有一个星期六晚上，南洙因为加班正留在公司里干活，这时突然接到了一封邮件。发件人为"谁呀"，邮件的主题是"致亲爱的"。最初，南洙还以为是什么垃圾邮件，或者是什么人在故意捣乱，所以本想直接删除。可转念一想，他又打消了这个念头。他觉得万一要是一封有用的邮件可就追悔莫及了，于是他把邮件打开读了起来。

亲爱的！

我也会发邮件了。我跟儿子问过了，现在是我亲自动手给你写邮件。邮件这个东西真的很神奇。

孩子们刚才还取笑我的打字法是"老鹰打字法"——因为我只用两根手指敲打键盘。不过我还是很高兴。

这么长时间以来读着你发来的邮件，我不止一次地想给你回信。

从今往后，接到你的邮件我马上就回复你。

咱们往后的书信往来要超过谈恋爱时期才是。

我今天心情好极了！亲爱的，快回来吧！

我给你煮你最喜欢的大酱汤。

你的妻子

南洙的嘴角挂上了一抹微笑。他私下里想，这大概就是人们所说的人生的乐趣了。这么有趣的一件事，以前他怎么就没想到两个人一起分享呢？他甚至有些后悔没有早些教妻子使用电子邮件。

南洙把妻子的邮件打印出来，然后夹到一个透明的塑料文件夹里，放进抽屉里保管起来。他要把妻子的第一封电子邮件好好收起来，每当感到疲劳的时候，再把它拿出来看一遍。

此后，他们仍然保持邮件往来。现在，妻子已经能够熟练地发电子邮件了。有一天，妻子还给他写了一首蛮有情调的小诗。又有一天，妻子甚至制作了一封音乐明信片给他。他欣喜地打开邮件，一边读着文字，一边欣赏美妙的音乐。

后来，妻子成为她的朋友们的电脑老师。妻子曾不无自豪地把南洙写给她的邮件展示给朋友们，结果朋友们对此羡慕不已，继而纷纷要求她教教她们，好让她们也能给自己的丈夫写写邮件。妻子就这么收下了一批学生。

南洙最近正在认真地阅读诗集和散文集。因为他想把写给妻子的邮件写得更优美一些。南洙第一次给妻子写求爱信的时候，一个人躲在房间里苦恼了整整一夜。想到这件往事，南洙不禁偷偷笑了起来。

南洙夫妻俩通过邮件，找到了发现生活中的小小的快乐的方法。

7 妻子的两封信

珍藏在一个人心底的故事
如果能向别人传达谢意和爱情
你今天也不妨提起笔来

1

贤秀他爸：

我们每天早晨都要去攀登的北山上不觉间已经有了秋意。

树叶色彩各异，看上去有了不少妙趣。

亲爱的，跟你一起去攀登北山，是我一天当中

最重要的、最柔情蜜意的时光。可是你知道吗？

我对你还有一丁点的不满。尽管是一件小事，

可你的嘴就像贴上了封条，一句话也没有，

只顾着埋头走在前面。看到你的背影，

有时我在想：我们真的是一对夫妻吗？

在登山的这一个多小时时间里，

我们要么无言地看着地面，

要么只顾着抬头看天。我经常想：

夫妻之间何以如此缺乏交流？不过，

有时我也想，这也许才算步入正轨了。

因为在咱们的周围，别的夫妻

也大都不怎么说话。

迄今为止，尽管我们之间没有足够的交流，生活也一帆风顺。

可我想往后最好还是敞开各自的心扉充分交流。

如果你觉得我的想法并非没有道理，那么从现在开始，登山的时候请你紧紧抓住我的手，随便跟我说点什么。

猛然一想，我嫁给你都已经十七年整了。

我们两人比不上他人，刚开始度过了很长一段艰难的新婚生活。

青年时代没做过的事情还有不少，但我也没什么可后悔的。

你我两人身体都很健康，孩子们也都走在正路上，

可以说我拥有世上最重要的两样幸福。

我现在只是希望你即将开始的事业能够顺利进行下去。

你即将离开工作了二十年的单位，开始一个人的事业，看到你热情依旧我无比欣慰。

亲爱的，加油！你带着希望向新的领域挑战的样子，

看上去就像是你年轻时那样活力四射，意气风发。

你今年四十四岁，在漫长的人生路上这相当于如日中天。

我们面前还有很长的一段路要走。

我希望你甩开膀子大刀阔斧地走你自己想走的路。

我们全家人都会跟随在你身后支持你，爱你。

你的妻子　知迎

2

想念的妈妈：

妈妈，近来一向可好？

不知道您在那里是否找回了失去的所有记忆？

您是否想得起您的爱子——成斌他爸的脸孔？

乍暖还寒的早春二月，您离开的那天却风和日丽。

您是否还记得耀眼的阳光透过门窗，

照进咱们的家里？

在送走您的时候，我喃喃自语：“万幸！

实在是万幸！”妈妈，您听到我的声音了吗？

您是否为我不知所以的喃喃倍感凄凉？

我不是因为妈妈您离开了我们才感到万幸，

我想这一点您一定知道。我看着您离开的身影，

觉得我是幸运的，因为您离开的时候给我留下了一份礼物。

妈妈您给我提供了能给您摆上最后一桌生日宴席的机会，

这是最慷慨的礼物。我无数次地想，

这份厚礼一定是妈妈您为了减轻我心里的负担，

才特意为我准备的。

在您离开的前两天，您说您想吃一口炒杂菜。

那时我便想到了过几天就该是您的生日了。

我开始匆匆忙忙地准备生日宴席。

我至今都不知道为什么会突然想给您摆一桌生日宴席。

我就是觉得理应如此，所以才忙着去购物，忙着制作

各种食物。

在我制作食品的时候，您一反常态地神志清醒，

还时不时到厨房来转上一圈。您尝一口炒杂菜，

口中不住地赞叹："好吃！真好吃！"

这个情景我至今历历在目。

然后，您固执地要求我给您擦洗身子。

那一天本不是您该沐浴的日子，

可您一再强调一定要洗个澡。给您洗完了澡，

您却又要求我们给您穿上那身漂亮的韩服，

我们如实照办，给您换上了新衣，

您却又像孩子一样兴致勃勃地想带着我们去串门。

我现在在想，妈妈您或许是已经知道了该离开的日子，

所以才用这种方式为我们的分别做着准备。

我结婚一年以后您就患上了老年痴呆症，

之后的五年说长不长说短也不短，

您就像一个孩子一样挑三拣四，

有时还变成一个暴君，对我大打出手。

有一次您吃完了饭，还向刚下班回家的成斌他爸告状，

说我没给您饭吃。我为此伤心落泪。您已经吃过了饭，

可您已经把它忘得一干二净。我那时有多委屈啊？

到了晚上，您根本就不想睡觉。我们好容易把您哄睡，

可每隔一小时您就醒来要吃饭，这些您都记得吗？

于是我就对您说，早饭要等太阳出来以后再吃。

有一次小姑子给您带来了一些零食，

您高兴地把它们藏起来，还在被窝里蒙头痛哭……

成斌他爸夹在中间忙于安慰咱们这两个女人。

那时，我觉得您打我的手是那么可怖又可恨。
可是当您离开我们，我甚至开始怀念起您犀利的手掌。
此前，我偶尔也想尽快摆脱您的折磨，
于是向成斌他爸坦言真想把您送到养老院。
每当此时，成斌他爸的脸上充满了悲伤与痛苦。
看到他的表情，我便意识到绝不能抛弃您，
因为您给我生了这么值得我尊重和依赖的人。
于是我便重新抱住您。您一天要换五六次衣服，
所以换洗的衣服每天都堆积如山。
为此我私下里无数次抱怨过您。
我稍不留神，您就溜出家门，
让我们全家人心急如焚。
在我好容易拉着您的手带您回家的路上，
我无数次暗暗祈祷上帝早日把您带走。
妈妈，要是我没能给您摆上一桌最后的生日宴席，
我将生活在无尽的自责之中，直到最后闭上眼睛那一刻。
妈妈，能给您摆一桌最后的生日宴席，
得益于您给我提供了机会，我将记住您留给我的这件珍贵礼物，
我也将永远记住我曾有过的罪恶的念头。
感谢您，让我有机会道出心中的话语。
仔细一想，妈妈您还给过我另外一件礼物：
好像是您得了老年痴呆后的第二年的某一天，
您对着我恭恭敬敬地叩首行礼。
然后一边叫我“妈妈”，一边唯我为尊。
我想，妈妈您那时可能是把我当成了您的婆婆。

您充分展示您的厨艺，每天给我换一样菜，
这些您都记得吗，妈妈？您已经丧失了理智，
常常把食物当做垃圾倒掉，却把我误认为婆婆，
奉我为尊，尽心给我炒菜做饭。
您那时给我做的橡子凉粉实在太好吃了。
如今，我每当吃橡子凉粉的时候就会想念您。
今天，窗外淅淅沥沥下着雨，您原来的位置，
显得是那么空荡。在您离开以前，从早到晚，
我和您就像是一个人那样形影不离。
妈妈，请忘掉我以前对您所做的错事，
请忘掉我以前令您伤心失望的事情。
还有请您原谅我。
妈妈，祝您在那陌生的地方幸福平安。
妈妈，我爱您。

您的儿媳　知迎

8 认输的人才是夫妻争吵中的胜者

有那样一个人，即使向他认输也不会感到委屈
赢了也高兴不起来，反而会深感不安
你是否知道主动认输中的快乐

一直在不同的环境中长大的男女组成一个家庭，共同生活在同一个屋檐下，免不了会发生冲突。有时，夫妻之间很小的一个争吵，也可能导致离婚的悲剧发生。

夫妻之间的争吵在一定程度上可以有效地消除两个人之间的隔阂，从这个意义上讲，夫妻吵架并不都是一件坏事。如果不超出某一个底线，夫妻吵架也是一种沟通的渠道。即使吵架的时候唇枪舌剑，但吵过之后以此为契机，充分了解对方的诉求，并彼此谅解，进而更加尊重对方，这无疑会有一个更好的结果。可是，在不考虑对方的情况下固执己见，片面强调自己的自尊心，夫妻争吵就有可能演变成一场给对方带来伤害的世纪大战。

有的男人一旦跟妻子吵了架，就一定要穷追猛打，直到妻子认输道歉方才善罢甘休。蕙兰的丈夫成豪就是这么一个男人。蕙兰和成豪二人结婚已经是第十二个年头了。虽说他们俩平时很和睦，但一旦因一些琐碎的事情吵架，成豪就会得理不饶人，直到最后蕙兰低头服输方才善罢甘休。对于丈夫这种态度，蕙兰自然心怀不满。

有时，他们之间的争吵是因成豪引起的，即使是在这种情况下，成豪仍然不承认自己的错误，还一意孤行地要求妻子首先向他道歉。蕙兰没做错什么，可还是拗不过丈夫，最后不得不违心地向他道歉。诸如此类的事情一而再，再而三地发生，这使得蕙兰的自尊心受到了很大的伤害。

蕙兰跟同学们聚会后回到家里，心情并不怎么愉快。同学们很久没在一起聚一聚了，碰到一起，自然免不了家长里短。谁谁的丈夫又晋职了，谁谁家里又换了一套大房子，听着这些话，蕙兰禁不住冒出自己已经远远地落在了后面的念头。

成豪从公司里下班回来，看到妻子的脸色不怎么好看，便这样问道：

“你今天这是怎么了？有什么不高兴的事情吗？”

听到丈夫这么体贴地跟自己说话，蕙兰便把刚才跟同学们聚会时发生的事情一五一十地告诉了成豪。她以为这样如实地道出心中的想法，至少能得到丈夫的安慰。

“今天跟同学们一起坐了坐，不过他们好像都过得不错。”

“是吗？朋友们都不错，你应该高兴才是啊。”

“我有什么好高兴的啊？我整天在家里无所事事。”

“你怎么了？房子也有了，丈夫也有了，孩子也有了，而且还像姑娘一样年轻漂亮。有什么好抱怨的？”

“哼，你以为谁还在乎你这种恭维吗？”

蕙兰感觉丈夫好像就想这样一笔带过，所以就又接着说了起来。

“你知道娴淑吧？她家丈夫这次又晋职了，所以还在家里搞了一个聚会呢。她说，她丈夫的后辈们围着她一口一个师母地叫着，直把她叫得飘飘然起来。还有，知言你也认识吧？个子比我还小，脸上长满了雀斑的那个。老实说，她长得真不漂亮，而且从以前开始就对男人没什么兴趣，所以都没谈过男朋友，一直就那么在公司里上班。我们甚至还担心她以后能不能嫁出去呢。可谁想得到啊，她竟然找了一个那么好的丈夫！前不久，他们刚换了一套大房子，搬进了新居。也许是这个缘故，她看上去至少年轻了十岁。我就不明白了，她们究竟哪来的那么多的福气，像是把别人的福气也都给收去似的。”

听了蕙兰的话，成豪一句话也没说，带着一脸僵硬的表情突然翻看起报纸来了。要是在平时，蕙兰看到丈夫的这种表现，早就会看出他的心情了。可她刚才在外面已经受到了委屈，她很想得到丈夫的安慰，于是便不管不顾地继续说道：

“我再也不去参加同学们的聚会了，实在是提不起精神，再也不去了。那些不起眼儿的同学们找了个好丈夫，便不知天高地厚地夸夸其谈，这已经有些过分了，何况这么长时间才聚一次，可一见面就光顾着自卖自夸。我真是再也看不下去了。”

成豪重重地放下报纸，提高了嗓门儿说道：

“那又怎么样？你究竟想说些什么？是不是想说你没遇到一位好丈夫？”

“不是啊。谁那么想了？你有什么纠结吗？为什么会有那样的联想？”

“说对了，我纠结得很！我又没有晋职，而且还整天担心被公司裁掉。我就是个没用的丈夫了！怎么着吧？”

“你这是怎么了？为什么突然这么跟我说话？”

“听别人夸自己的丈夫，你是不是后悔嫁给了我，所以才总是说我跟朋友们见面不会有什么好事？我就从来没见过你跟朋友们见面回来，哪一次是高高兴兴的。”

“你在说什么……”

“你每次跟朋友们见面回来，不都是嘟嘟囔囔的，好几天都提不起精神来吗？既然这样，干什么还要去见面呢？难道是为了在外面听人家夸奖自己的老公，打算回到家里来奚落我如何如何不行吗？是不是？”

“谁那么说了？真让人无话可说。再说了，也就是我这样的人吧，才会跟你生活这么长时间。现在这个世道，谁还会跟你这么个男人生活？动不动就无事生非。”

“你说完了没有？你还以为你有多么了不起是不是？你倒是想想看，你到底都会些什么？你会好好过日子吗？会好好带孩子吗？动不动就往外跑，还把我挣来的钱花得一干二净，一到月底就两袖清风。你倒是说说看你能干好哪一样？今天的事也是，为什么对着我说三道四？我招谁惹谁了？分明是你的不是，还不赶紧给我道歉！”

“哼！我真的跟你说不到一起去。”

“什么？你这个女人，还不赶紧给我道歉！”

“你这个大男人，你的心比针眼儿还小。嫁给你这样的男人，我真是倒了八辈子的霉了！”

听了蕙兰的话，成豪勃然大怒，嗓音立刻提高了八度：

“什么？你这个女人，以为说说就拉倒了吗？我再说一遍，快给我道歉！”

“道歉？坚决不行！我为什么要道歉？我做错了什么还要给你道歉？”

蕙兰觉得丈夫没能听懂自己的话，她因丈夫误解了自己而愤愤不平；成豪则因为妻子把自己拿来跟别人家的丈夫作比较而恼羞成怒。于是，成豪单方面地强求蕙兰给自己道歉。可是这一次，蕙兰已经下定了决心，绝不再首先向丈夫道歉。所以他们夫妻之间的冷战大有持久下去的兆头。

这样一来，孩子们的态度开始有些异样起来。他们看到爸爸妈妈两人打起了冷战，感到既紧张又害怕。上小学三年级的长子开始难以专心学习，而原以为已经长大的幼子早开始上幼儿园了，却一反常态地尿起床来了。事情发展到这一步，成豪和蕙兰想到至少首先应该打消孩子们心中的不安与紧张才是。

下班回家的路上，成豪买了两瓶啤酒。见丈夫带着两瓶啤酒回家，蕙兰给他端上了简单的干果下酒。两个人对坐在餐桌前举起了酒杯。成豪首先发话了。

“哪怕是看在孩子们的份儿上，咱们还是停战吧。”

“我也想到了。那天是我做得不好，对不起了。”

“哪里的话？都是我不好。可是，一听你把我跟那些同学们的丈夫放在一起加以比较，我就气不打一处来了。不过我不应该跟你发火。抱歉。”

成豪这样说着，自嘲似的对妻子笑了一下。

“无论你的事业做得好不好，我都爱你。我要是不爱你，怎么会下决心嫁给你啊？我那天只是想让你安慰安慰我，我绝没想把你跟她们的丈夫放在一起加以比较。你那么认为，我能不生气吗？所以我也就跟着发起火来了。”

“我知道。就像你是在气头上才说的那些话，我那天说的也都不是我的真心话。我也都是气头上的话，你就别放在心上了。知道了？”

“嗯。有句老话不是说，两口子吵架，谁先认输谁就是最后的胜者吗？这句话千真万确。咱们俩这么彼此认错，问题不一下就解决了吗？”

不知是出于什么原因，成豪这一天鼓足勇气说出了自己的心里话，并真心向蕙兰道了歉。

“到现在为止，一直都是你首先向我道歉，所以说你才是常胜将军。呵呵……其实，我明知道是自己做错了，却不愿承认，反过来还强迫你给我道歉。让你受委屈了。可你总是在我面前主动认输，还把我的错误揽在自己身上……感谢你，也对不起你。”

成豪说完开怀地笑了起来。这么长时间以来，妻子一直在用她的宽厚包容自己，所以他们的关系才能维持至今。成豪终于明白了其中的道理。

当然，此后他们也经常吵架，但他们的争吵已经与以往有所不同了。

“亲爱的！你是不是太不关心我父母了？给他们零花钱那么小气。还有你刚才出来的时候那是什么态度？哪怕是一个过路的老年人，也不应该这样啊。”

“我怎么了？要待到晚上那该多累啊。给了那么少的零花钱，是因为咱们现在这个情况，给那些也就说得过去了。最近花在孩子们身上的钱多多啊。要是有意见，你就多挣些回来给我。”

成豪通过以往的经验，已经认识到靠感情冲动什么问题都解决不了，反而会把事情闹大，于是努力控制住自己的情绪，压低了嗓音说道：

“让你用那么少的钱维持咱们一家的生活，这件事我做得不够。可是，我实在没脸见我的父母，所以才跟你这样。另外，我也知道你在我父母家里感到别扭，可是我真的很希望你再努努力，让我的父母由衷地夸奖你，疼爱你。”

以前，每次向成豪道歉，蕙兰总是言不由衷。因此每次都很伤心。可是这一次，成豪这样诚恳地跟自己解释，蕙兰反倒生出一丝愧意。就像蕙兰深知一阵暖风比寒风更容易让一个男子汉脱下身上的棉衣一般，她缓缓说道：

“我刚才说话那么生硬，你就当是我的无心之过好了。对不起。还有，零花钱咱们再仔细考虑一下吧。我也想对我的父母好一些，这你也知道。”

蕙兰长久以来从丈夫那里受到的创伤开始逐渐愈合。因为蕙兰意识到丈夫正在努力修正自己，并尽量不再伤害她的自尊心。

从此以后，无论遇到什么事情，成豪不再像以前那样高高在上地强迫妻子向他道歉，而是尽可能主动向蕙兰认错道歉。刚开始的时候，蕙兰还不大适应成豪的这种变化。不过无论如何，这是一个可喜的变化。在一次次这样的和解过后，两个人终于相信，即使不可避免地吵了起来，但他们依然能够彼此相爱，而不是彼此怨恨。他们之间的关系越发亲密起来。他们懂得了彼此尊重。

现在，蕙兰夫妇能做到百分之百相信对方。自从成豪开始自觉地维护妻子的自尊心以来，他的领导意识也得到了提高。他们终于领悟到主动去理解并宽容对方，才是让幸福持久的唯一途径。

9 彼此成为对方的支柱

我们就像大写的“人”字彼此依靠着
这正是丈夫和妻子一生的缩影
我就想这样依靠在你的肩头

“非常抱歉，只要您能把钱借给我，月底以前我一定会还给您的。”

挂断了电话，世元长长叹了一口气，但很快又抓起了电话。

“朴社长，一个月以后我一定给您还回去。我这几天就把店铺兑出去，等拿到了押金，我立刻就把钱还给您。还请您再宽限我一个月。拜托了。”

挂断了电话，世元感到左右为难。银行账户上只剩下三十四万韩元，可要是不能在月底前还清三千万韩元的贷款，他就必须宣告破产。他心情焦急，四处打电话借钱，可大家都表示无能为力。

“大英，是我。上次跟你提到的贷款的事情怎么样了？”

“有点麻烦。你本来就没什么担保，也没什么抵押，何况连个担保人都没有……确实有点困难。”

“所以我才向你请求帮助嘛。你再努努力。”

“告诉你，在这个世界上，我最怕我老婆。你要是知道什么叫母夜叉，你就该知道那样我就彻底玩儿完了。我也知道你现在的处境，可上次我给英奎做担保吃了多大的苦头？还请你多多谅解。对不起了，世元。”

世元经营的餐厅生意红火的时候，有的朋友拍着胸脯对他说，只要需要银行贷款就尽管开口。但如今，这些人和其他多年老友一样，在他提出借贷三千万韩元之际，纷纷背转身去。只要有心，就一定能想出办法借给他这笔钱，但朋友们却一致找出各种借口搪塞，这让世元感到万分焦虑。

世元把自己所有的钱全都投到了这家餐厅，一时没有钱买房，因此他们夫妻二人租住在一个单间房里。他们餐厅的菜味道不错，再加上世元待人亲切，慢慢有了不少的回头客。凭借这些回头客口口相传，世元的餐厅已经多少有了一点知名度。可是，他聘请的厨师长突然辞了职，并在他的餐厅跟前新开了自己的餐厅。

那些回头客发现菜的味道突然发生变化，开始纷纷掉头前往厨师长新开张的餐厅。这段时间以来，世元并没有过多地关注如何攒钱，他把更多的财力物力都投入到了餐厅上。他奔走各地，购买上等的食材，并适时地重新装修餐厅，他把资金全部用在了逐渐壮大起来的餐厅上。可是，由于突然更换了厨师长，他的餐厅遇到了前所未有的危机。厨师长的背叛行径让世元绝望至极，他感到前途一片渺茫。

世元很晚才回家吃饭。妻子美景向他问道：

“最近有什么问题吗？”

“没什么。怎么？”

“怎么觉得你心事重重的。”

“没那回事。”

世元担心刚怀孕四个月的美景受到刺激，根本不敢把自己的苦衷和盘托出。他必须在美景的肚子更大起来之前搬到一个大一点的房子里去。可现在，他甚至都得把现在这套房子的两千万韩元押金取出来还债才能渡过眼下的难关。

“我累了。我想先睡了。”

“那你也不能吃了一半就睡啊。你最近真的是很奇怪。整天说太累了，连话都不怎么跟我说……你是不是在外面有什么艳遇了？”

“什么？我哪有那个时间啊？我一整天都待在店里。我真的太累了。”

世元怕再说下去，自己就忍不住把事情的来龙去脉都讲出来，所以匆匆上床躺下了。世元听着美景轻微的鼾声，禁不住流下了眼泪。他们好不容易开起来的餐厅即将结出硕果，可现在，这一切马上就要化作泡影了。他必须把这间房退掉，然后让美景到娘家去住上一阵儿。但这话他怎么也说不出口。他一夜没睡，早晨一大早就起了床。就在他准备走出家门时，妻子醒过来问他：

“你怎么这么早上班啊？”

“最近店里很忙，我得早点儿去看看。”

“那也得吃了早饭再走啊。”

“我到店里再吃吧。你再睡一会儿。”

“嗯。我答应过一会儿跟朋友们到店里去吃饭呢。”

“都跟什么人见面，还要去咱们的店里？那样说不定朋友们会不高兴的。”

“没关系。他们早就想到咱们店里来吃一顿了。”

“今天预定的客人太多了，你们还是下回再来吧。今天没座位了。何况你身体又不方便，今天就在家里休息吧。”

美景听了世元出乎意料的回答，多少感到有些吃惊。

“咱们家的生意那么好吗？难道连一张桌子都空不出来？”

“真的是没座位了。你就跟他们解释一下，等下次过来玩儿，我一定免费给他们上一桌最好吃的菜。”

“好吧。知道了。”

听了世元的话，美景心里感觉很不是滋味儿。看着世元转身走出家门的背影，美景的心里掠过一丝不祥的预感。世元分明是有什么心事，却不说出来，这让她感到甚为不安。

她急忙打电话取消了跟朋友们的约会，然后决定亲自到店里去看个究竟。自从餐厅开张以来，美景就再也没有过问店里的事情，而完全交给世元一个人打理。既然店里忙得不可开交，她觉得自己总得去帮着做点什么。

来到餐厅一看，里面空空荡荡的，只有世元一个人孤独地坐在中间一张餐桌前。

“亲爱的，这是怎么回事？”

“你怎么到这儿来了？”

“你刚才说今天有很多客人订餐，所以想过来帮帮忙。不过你说的客人都在哪儿啊？”

“……没有。”

“嗯？”

这一瞬间，美景觉得眼前的一切是那么不可思议。她觉得就连看得见的餐厅也都失去了。世元决定把一切都告诉美景。

“我一直都在跟你撒谎，我就怕你跟着担心。前不久，咱们的厨师长辞职了，在马路对过新开了一家餐厅。在厨房里干活的人也都跟着到那边去了。”

“哪有这样的道理！”

“什么哪里不哪里的……咱们也没什么办法。也好。也该把餐厅兑出去了，可我一直不知道怎么跟你说才好。”

“咱们不能就这么干吃哑巴亏。咱们得去告那个厨师长。”

“我都了解过了，可大家都说没什么办法惩罚他。”

“人怎么能这么做啊？”

“……对不起。我真的对不起。”

世元和美景两人抱在一起哭了很久。美景想到这么长时间以来，世元一个人暗自神伤，心中充满了悲愤。

“咱们把餐厅的押金取出来还债就行了。尽管会很难，不过咱们可以重新开始。”

“只要能跟你在一起，干什么我都不怕。从现在起，我来帮助你。我们已经是拴在一根绳上的蚂蚱了，我什么都能做。”

“我不想看到你受苦受累。我自己来处理吧。你已经不是你一个人了……”

“女孩子很虚弱，可老大嫂却是顽强无比的！咱们得让厨师长好好尝尝我这个老大嫂的厉害。那个大坏蛋……”

世元和美景兑掉了餐厅，重新开了一家小规模的面食店。

“哈哈面食店。好名字。”

“要是以后的日子也能像这个店名一样那该多好。”

“咱们就从这里开始重新做起。亲爱的，我一直认为丈夫在前面拉车，做妻子的就应该在后面推车。我会一直陪伴在你左右帮着你一起打拼。”

“你的紫菜包饭我绝对放心。现在开始，一切都会好起来的。”

每天早晨美景负责做紫菜包饭，世元则负责送餐。跟原来的餐厅相比，他们现在的面食店的规模小了许多，可他们两人彼此成为对方的支柱，一起努力奋斗下去。不经历风雨就看不到彩虹。遭遇了这次坎坷之后，两个人的爱情变得更加牢不可破了。

10 在长白山山顶上举行的婚礼

两个人能同甘共苦，便是世间最大的幸福
我们因信赖连接在一起，我们因此结为一体
就在这里——在长白山天池岸边

"咱们到了山顶了！"

两个人喘着粗气登上长白山顶峰的最后一级台阶，被展现在眼前的壮美景象所震惊，许久说不出一句话。群峰环抱中的长白山天池一碧如洗，可谓是人间绝无仅有的胜境。

"咱们成功了！咱们终于成功了！"

俊英和秀珍拥抱在一起高声欢呼起来。

"简直像做梦一样！真的，我是不是在做梦？"

"我掐你一下试试？哈哈哈……"

这时，当地的导游走过来对他们说道：

"咱们得抓点儿紧才是。长白山山顶上的天气变化无常，说变就变。"

尽管导游一再催促，可秀珍依然抱着俊英，止不住内心的激动。两个人躺在冰冷的雪地上，还唱起了电影《爱情故事》中的主题曲。天气预报虽然说山上的气温在零下十度左右，可由于山顶上风头正猛，他们的身体感觉到的温度要远远低于实际气温。即便如此，秀珍和俊英仍然连声高喊“太幸福了”！

秀珍和俊英在首尔完成了结婚仪式，启程前往长白山，打算站在高高的天池湖畔，再举行一场只有他们两个人参加的结婚仪式。这个计划是由秀珍首先提出来的。因为她想给长期跟病魔作斗争的俊英带来新的希望，以此鼓起他生活的勇气。

俊英还在小学三年级的时候，就已经患上了被人们称为“小儿糖尿病”的可怕的病症。那时，他突然间变得嘴馋起来，见到什么东西都胡乱吃上一口，可令人感到奇怪的是他的体重依然持续下降。不仅如此，他还经常感到疲劳。于是父母带着俊英到医院就诊，结果医生告知他们，俊英得的是小儿糖尿病。闻听此言，俊英的父母当时就流下了眼泪。此后，这个病魔一直缠绕着俊英，直到二十年后的今天，仍然在痛苦地折磨着他。俊英的视力下降了，也无法像其他同龄人一样正常生活，而且也很容易感到疲劳。

可是，俊英最为苦恼的不是来自于身体上的痛苦。由于身患痼疾，俊英曾被强迫与秀珍分手，这件事尤其让他感到痛不欲生。一想起这件事，俊英至今还记忆犹新。

俊英和秀珍两人是在大学一年级的时候认识的。两个人都是第一次谈恋爱，自从相识以后，他们一心一意地爱着对方。可是，就在这两个年轻人准备结婚的时候，却遭到了双方父母的坚决反对。

秀珍的父母认为：“未来的女婿是一个糖尿病患者，女儿一旦嫁给他，将终生背着一个沉重的包袱过日子。”而俊英的父母则认为：“儿子如此宝贝，女方父母却执意反对，又如何能低三下四地恳求他们同意孩子们的婚事呢？”

可是，父母们的反对并没有动摇秀珍和俊英的决心。来自周围的一致的反对，反而让他们认识到他们的爱情是多么牢固和珍贵。

他们俩不停地做各自父母的思想工作，最终终于说服了父母，同意他们结合在一起。经过了千难万阻得到父母的同意之后，秀珍向俊英提议，就到长白山天池做一次新婚旅行，并在长白山顶上再举行一次只有他们两个人参加的结婚仪式。

由于长期跟病魔打交道，俊英几乎就没怎么去旅行过，因此听到这个提议，俊英立刻就兴奋起来了。在他看来，到长白山山顶上去旅行，还要在那里举行一次只有两个人的婚礼，这件事想想都让人心驰神往。可是激动很快就变成了担忧。

"我也想跟你一起去爬长白山，可是我的身体能行吗？要是在爬山的中途，我无法继续攀登，岂不就变成了你的拖累？"

俊英的话让秀珍感到心痛。同时她也深深意识到，这次去长白山旅行，在山顶上举行一次婚礼对他们日后的生活具有何等重要的意义。从此以后，秀珍开始每天到俊英家里，俨然就是在这里上班。她陪着俊英，跟他一起爬他家后面的一座小山，慢慢增强他的体力。刚开始的时候，俊英走不上十分钟就会气喘吁吁，大汗淋漓。但是过了三个月之后，他们竟然可以爬到半山腰的矿泉水井跟前。

在亲朋好友们的祝福下，俊英和秀珍两人在首尔举行了婚礼，然后为了再举行一次只有他们二人参加的婚礼，他们向长白山进发了。可是在长白山山顶上举行一次婚礼，这件事并不像他们想象的那样简单。登上狂风肆虐的长白山山顶，这对身体健康的秀珍来说也不是一件容易的事情，更何况长年患病、身体虚弱的俊英了。可是，他们一边回想着曾经战胜来自周围的反对意见的经过，一边彼此鼓励对方一定能够战胜困难。在登山途中，秀珍定时给俊英测一测血糖，以确认他的身体状况，一旦发现血糖偏低，立刻递给他一听饮料或一块糖，让他及时补充一下糖分。在他们停下来短暂休息的时候，秀珍便会轻揉俊英的小腿，给他做按摩。俊英深深懂得秀珍这一份真情实意，因此一次又一次顽强地战胜各种困难，继续向上攀登，并最终登上了长白山山顶。

当地导游告诉他们一会儿有可能雨雪交加，所以催促他们赶快举行仪式。可是，两个人依然沉浸在登顶成功的喜悦之中。导游心急如焚，匆忙在地上铺上了一块白布，然后催促俊英换上礼服。在导游的再三催促下，秀珍也换上了婚纱。在零下十几度的寒冷中，新郎新娘浑身不住地颤抖着，脸上却显出幸福的神情。长白山天池就像是一条连接天地之间的通道一般深邃而又神秘。他们两人以天池为背景的婚礼开始了。

“新郎新娘入场！”

随着兼任证婚人和司仪两职的导游发出轻快的命令，俊英和秀珍同声高唱着“你是为了接受这份爱才来到这个世上的”，手挽着手向导游面前走来。在旁边围观的游客向他们报以热烈的掌声。两个人立下了结婚誓言之后，紧接着导游宣读了婚姻宣言，然后秀珍开始朗读她为俊英写下的一封长信。

> 我亲爱的丈夫俊英：
>
> 我现在无比幸福。
>
> 跟你结婚这件事情想起来就像是在梦中。我们是在大学一年级的时候不期而遇的。记得那天烂漫的樱花被春风吹落了一地。我走在校园里，看到你坐在樱花树下的长椅上，脸上带着明朗的微笑。我被你的沉醉所迷惑。可是由于害羞，我没敢走近你跟前。几天后，在图书馆里我偶然坐在了你的旁边。我的心剧烈地跳动起来，害得我连一行字都读不下去。你当时是否知道我这样的心情？你后来从

自动售货机上给我带回一杯咖啡，然后问我能否一起吃顿晚饭。那时，我兴奋不已，感觉整个人就要飞到了天上一样。我爽快地接受了你的邀请。

我们就这样开始相爱了。就像我们经过了无数欢乐的瞬间一样，我们同样需要面对悲伤的时刻。但我仍然坚信：任何人都无法阻挠我们的爱情。

二十多年来漫长的岁月里，糖尿病让你的身心倍感痛苦。现在，既然我们无法完全驱除这个病魔，那就让我们把它当成是我们的朋友，一起相拥着走向一个又一个明天。我担心我们讨厌它并在不择手段地祛除它的过程中，有可能同时会损害你的健康。从今以后，我将像爱你一样爱着已成为你身体的一部分的糖尿病。

无论何时，无论把世上任何一样东西送给你，我都不会感到可惜。可你告诉我说，你想得到我作为礼物送给你的一封信。你告诉我说，一封情真意切的信就足够了。为了这句话，我好几个月都坐在书桌前给你写这封信。我不知道到底该从何处开始，我为此一再犹豫。

不过我还是下定了决心。我决心从此刻开始，我再也不会去回顾你我之间共同度过的艰难岁月。我发誓从这一刻开始，我将与你一起展望未来。

感谢你。

我感谢所有的所有。

我感谢你成功说服父母同意我们俩的婚事。

感谢你在周围人们的忧虑中初衷不改，依然如故地爱我。我还要感谢你接受了我的爱情。

我感谢你让我成为你的妻子。

我感谢你，让我在这一刻也能爱你无悔。

你幸福的妻子

秀珍 草

秀珍没能读完这封信，就被泪水模糊了视线。在旁边围观的众多游客，也被他们真挚的爱情所感动，流着泪报以热烈的掌声。俊英也流下了眼泪。秀珍顾不上自己脸上的滚滚热泪，轻轻为他擦拭。

这天拍下的结婚照，如今跟他们在首尔举行婚礼时的结婚照一起挂在了他们的新房里。尽管照片上秀珍的婚纱被风吹得翻了过来，两个人的脸上也被泪水弄得一塌糊涂，但可以看出他们当时激动的心情。此后，每当两个人在生活中遇到困难，就会想起他们在长白山山顶上举行婚礼时那激动人心的情形。

11 妻子的美食邮件

他们相距遥远，心中却充满温暖
从周一到周五，满含着爱意的菜谱
今天也在守护着他的健康

英韩和美兰是一对周末夫妻。英韩在一家地方研究所工作，而美兰则在一家广告公司上班。结婚五年来尽管他们长期两地分居，却一直都像一对新婚夫妻那样过着恩恩爱爱的生活。

英韩对平时一个人带着孩子的美兰一直都怀着几分愧意。孩子们都还年幼，所以他也知道这段时间孩子们需要爸爸待在身边，可他不得不让妻子一个人把养育孩子的重担挑在肩上。美兰也一直都因无法经常给丈夫做些好吃的东西而感到于心不忍。英韩的胃不好，因此一旦在餐厅吃了添加了大量调味品或过于辛辣的食物，就会接连几天拉肚子，苦不堪言。美兰对此一清二楚，因此暗暗下决心无论如何，也得帮助丈夫自己开伙做饭。

最初，她也曾大包小包做了一大堆小菜让他带回去吃。但丈夫的嘴很刁，小菜吃得并不多，经常是到了周末也吃不了，不得不全部扔掉。英韩觉得总是这样大量扔掉食物太可惜，因此让她别再为他做这些小菜。于是，考虑再三，美兰最后决定还是想办法让丈夫自己动手，现做现吃。

美兰给丈夫写包含当天菜谱的邮件就这样开始了。

星期一

亲爱的，今天辛苦了吧？

是不是一大早就起床去研究所上班了？

是不是手忙脚乱地工作到了现在？

尽管肚子很饿，但我想，此刻你可能连动都不想动，

所以想随便煮一碗拉面吃……你是不是还在这么想？

这虽然很方便，但吃了拉面你就会感到不舒服，

而且身体还要跟着遭罪。

看了这封信之后，

你不妨先静静躺上五分钟，然后起来洗米，

再把洗好的米放入电饭锅里按下加热按钮，

从冰箱里取出洋葱、土豆、角瓜、豆腐切成薄片备用，把鳀鱼跟海带放进洗米水里煮一会儿，

煮开了之后就把海带捞出来，然后放入适量大酱，

等到锅里的汤开起来，再放入刚才切好的蔬菜和豆腐煮一会儿。

怎么样？是不是很快就煮好了一锅香喷喷的大酱汤？

你的手艺加上我对你的爱，这锅大酱汤

足以解除你上班第一天的疲劳了。

星期二

亲爱的，今天又是怎么度过的？

一想到你拖着疲惫的身体，回到空荡荡的房间里，
我就感到心疼不已。即便如此，要是能就着热乎乎的泡菜汤，吃上一碗新蒸的米饭，至少会感到心情舒畅的。
在煮泡菜汤的时候要是另加少许泡菜作料味道会更好。
先把足量切好的泡菜和猪脖肉放入锅中炒熟，
然后放入清水煮开就完事大吉了。
如果淡了，就加一点食盐，当然这要以你的口味为准。
最后再把泡好的粉丝放进锅里煮熟煮软。
别忘了要把我和孩子们对你的思念也一起放进锅里。
好了，祝你有个好胃口。

星期三

亲爱的，在一周当中我最喜欢星期三。为什么呢？
你和我第一次约会的日子就是一个星期三。
你是不是忘记了？忘了也没关系，我记着就行了。
今天来一份炖土豆如何？
你一直都很喜欢吃用土豆做的菜，我今天想告诉你，
刚做出的炖土豆是多么好吃。
先把土豆削皮，切成大点的块备用，
然后把土豆块放入锅中，加入适量的酱油和白糖，
再加入清水（没了土豆块即可）煮开。
等水快干锅的时候还要多加些芝麻粉。
你常常惊讶我动不动就格格大笑，也对此报以微笑。
所以呢，这次就请你把我的笑声也一起放进锅里吧。
炖土豆就着新蒸熟的米饭一定合你胃口。

吃完了，你可要好好补一觉……别忘了！

星期四

最近我觉得咱们的人生有些近似于拌饭。
香喷喷的豆芽、略有些苦涩的橘梗和紫菀，
脆生生的萝卜丝再加上辣椒酱和香油、芝麻粉……
搅拌均匀后你就会吃出丰富的味道。
所以每次吃拌饭的时候，
我就会回想起我和你一起度过的岁月。
初次相遇的感觉和彼此相爱的日子，
还有我作出嫁给你的决定的那家咖啡馆……
我还能回想起我们的结婚仪式和孩子们诞生的瞬间。
跟你一起生活的过程中尽管也遇到了不少困难，
可当我回首往事，却只能想起幸福的往事。
艰难的日子和幸福的瞬间对我来说同样珍贵。
你我之间尽管分居两地，但因为有了这些时光，
我们至今仍然能够挺胸前进。
亲爱的，今晚吃一顿拌饭如何?
是不是觉得倒也不错，可就是不会放各种作料?
你什么都不要担心，打开冰箱就是。还记得吗，
你回去的那天我让你带上的餐盒?我已经给你装好了。
里面肯定还剩下一些豆芽、紫菀、凉拌橘梗、蕨菜……
为了你今天的菜谱，我已经给你多准备了一些。

你就把剩下的东西全部放到一起，再加一点香油、芝麻粉，然后满满一大口！这样是不是就想起了咱们一起度

过的岁月？

星期五

终于到了星期五。到了星期五，我和孩子们就开始忙起来了。

我们得准备迎接你。

孩子们准备了要讲给他们的爸爸听的故事，焦急地等待着你的到来。

我也一样，一想到即将和你见面，心情就会激动起来。

我想你也一样，一想到明天就要见到我们，你是不是就很幸福？

从星期一到今天，你一定身困体乏了。

我想你一定承受了不少的工作压力，所以，

今天我要帮你煮一锅干明太鱼汤给你解乏。

要想煮好一锅干明太鱼汤，首先要用香油和大蒜，

煸一下干明太鱼块，然后加入清水，煮出乳白色鱼汤。

等汤煮好了，别忘了要打一个鸡蛋进去，

还要用食盐调好口味。要是没有食盐，

你就不会尝到正宗的干明太鱼汤。

是的。对我们家庭来说，你就像食盐一样，

没有了你，我们家的生活就没有味道了。

只有你的身体健康了，咱们家才会幸福。

赶紧喝一碗干明太鱼汤好好休息，

明天好一步跨回家里与我们见面。

那咱们就明天见了。我爱你！

美兰从周一到周五的美食菜谱邮件至今还在继续。饱含着美兰对英韩真挚爱情的美食菜谱邮件，让他对妻子充满了感激，他也因此更加珍惜他们之间的爱情。因此尽管劳累了一天，英韩也都在坚持自己动手烹饪。英韩的胃病自然早已得到了治愈，而他们的爱情也在与日俱增。

12 你是我人生的礼物

晚上合上眼睛的时候是你紧紧拥着我
早晨睁开眼睛的时候是你对着我微笑
我的每一天都是快乐的圣诞节

云儿控制不住自己的紧张，一杯接一杯地喝起水来。要见面的人还没来，她正在跟给她作媒的社区大婶儿坐在一起。他们两人今天将是第一次见面，但云儿的紧张并不是因为这个所谓的第一次。云儿是因为担心人家看不上自己，所以她的脸上已经阴云密布了。

“要是人家嫌弃我是个穷人家的长女该如何是好？”

云儿是在极其贫困的环境中长大的。云儿的妈妈在生下弟弟的时候发生了意外，变成了残疾人。这是他们家遇到的第一个坎坷。爸爸或许是因为无法接受这样的残酷现实，或许是因为无法面对即将到来的明天，丢下妻小三人离家出走了。但是，他们三个人彼此依靠着一直生活到现在。每次妈妈出去做生意，云儿就代替妈妈照看年幼的弟弟。每天清晨，云儿要么在社区里送牛奶，要么给哪家公司发传单，赚些零钱补贴家用。在弟弟即将升入初中的时候，云儿只要能接到活儿，无论是送报纸或是发传单，她一向都是来者不拒。云儿始终坚信总有一天日子会好起来的。带着这样的信念，云儿度过了艰难的学生时代。等到她和弟弟都进入了社会，他们一家的生活终于有了好转。社区里的邻居们看到她一年年长大，陆续有人给她说媒了。

最初，云儿坚决拒绝。无论怎么计算，家里积攒下来的钱都不够她结婚，所以她基本上已经放弃了结婚的念头。可是说媒的大婶儿一再强调对方多少了解他们的家庭情况，但还想跟她见个面，所以她只好答应跟人家先见上一面。

“很多人会以为，通过别人说媒撮合而成的婚姻缺乏爱情，但依我看这要看两个人以后怎么相处。在我认识的人当中，最善良的姑娘就是你云儿，而那个小伙子也是最优秀的，所以我认为你们两个是天生的一对儿。”

尽管老大婶儿这么说，可云儿还是感到有些惴惴不安。

“您好，我是金镇爀。”

云儿小心翼翼地低头看了两眼刚刚入座的男孩儿。虽说他不是一个美男子，可他一身整洁的穿着，看上去就像是邻家的一个大哥哥那样让人觉得非常自然。云儿也不知道自己究竟是怎么跟人家打的招呼，时间在慌乱中很快就过去了。后来，社区老大婶儿找了一个借口就走开了，座位上只剩下了他们两人。

“我早就听说您了。我听说您的母亲身体不算好，云儿一定吃了不少苦头？”

“我……你不讨厌我吗？”

紧张之余，云儿这样直截了当地问道。

“什么？您说什么？”

“我还得继续照顾我的母亲，弟弟也还没有在社会上站稳脚跟呢……”

“哈哈……这些我早就知道了。”

“那您还……”

“我反倒担心您不会看上我呢。我可不是什么白马王子。我只是想找一位能跟我白头偕老的人，就是一个漂亮的、充满活力的女孩儿。所以当我听到大婶儿讲起有关您的事情，我便告诉她我很想见您一面。今天一见，果然不出所料。我觉得这一趟我可没白来。”

听镇爀这么说，云儿心中百感交集，险些掉下眼泪来。她在听到这番话的同时，立刻就喜欢上了眼前的这个男孩儿。

在他们见面三个月之后，镇爀向云儿正式提出结婚请求。尽管他们相识的时间太短，但云儿知道镇爀一点都不挑剔她的条件，并处处为她着想，所以也就真心诚意地答应了这门婚事。

去拜见准公婆的那天，云儿还像第一次跟镇爀见面时那样心跳不已，她对自己一点信心都没有，显得手足无措。可是，准公婆热情地欢迎了她，这让她感到安定了许多。准婆婆说，在现在这个社会上，人好，懂得尊老爱幼就行了，哪里还需要什么其他的东西。准婆婆这样说着，用她温暖的手紧紧抓住了云儿的手。

问题是结婚的费用。云儿是一个自由职业者，活儿多的时候挣得也不少，但当时她没想到会这么快结婚，因此把所有的积蓄都拿出来付了首付，又从银行贷了一部分款，购买了一套可供一家三口生活的房子，所以手里已经拿不出多余的钱来结婚了。

可就在这时，弟弟把自己几年来勤工俭学打工挣来的六百万韩元交给了云儿。云儿流着泪接受了其中的一半，然后又积攒了一年，等攒够了钱，两个人终于结婚成亲。

他们的结婚仪式很简朴。婆婆考虑到她的处境，只让她带来了最简单的嫁妆，而新婚生活用品和礼物等也是能省就省，绝不铺张浪费。婆家的生活也算不上十分宽裕，但还是在外面给他们租了一套房子。在给他们租房子的时候，婆婆甚至还考虑到两个人以后要经常去照看她的娘家妈妈，因此就在云儿娘家附近租了一套房子。

云儿觉得，这一切就像是什么人送给她的一份厚礼。她觉得这份礼物既是对她艰难的童年时代的回报，同时也是对他们努力创造美好未来的一种鼓励。这是云儿从镇燚那里得到的人生中最珍贵的礼物。

就像说媒的那位老大婶儿说的那样，婚后幸福与否全在于两个人怎么努力。云儿对接受了自己的镇燚和公婆一家心怀感激之情，开始了他们的婚姻生活。镇燚同样以他的宽厚包容了云儿和她残疾的妈妈。

云儿为了多攒一些钱而努力奔波，但同时也没忘了频频去婆家走动。婆婆一家对她疼爱有加，她又怎么能不尽心尽责呢？婆婆和嫂子总是劝她多休息休息，可云儿依然坚持去打工。而每次去娘家的时候，镇燚也总是给他的岳母揉揉后背捶捶腿，陪着她一起说说话，唠唠家常。每当这时，云儿的妈妈就会面露愧色，觉得自己拖累了小两口，并要女婿不要担心自己。其慈爱之情溢于言表。

云儿今天早晨也跟往常一样一边给镇燚准备盒饭，一边想着自己需要心存感激的人。她虽然也跟别人一样感到身困体乏，但一想到能让她过上今天这幸福日子的人们，她就不能犯懒。她想着把她培养成人的妈妈、跟自己一起经历了无数磨难的弟弟、接受了自己并向女儿一样疼爱自己的公公婆婆，以及比任何一切都珍贵的丈夫。

云儿有时也会想一想镇燚在吃她为他准备的盒饭时，脸上会是一种什么表情。一想到丈夫吃得津津有味的神情，云儿自己的脸上也会露出舒心的微笑。

云儿和镇爀现在还没有拥有更多的东西。他们住在一所租来的小房子里，轿车也没有一辆。可是云儿和镇爀带着对彼此的感激之情，一天天努力地、幸福地生活着。

13 给文夫带来奇迹的妻子

在遭遇坎坷的瞬间，她一直陪伴在你左右
总是在身旁为你祈祷，向你预言奇迹的到来
这便是世上最为珍贵的爱情

我是一个画家。前不久，我刚举办过自己的画展。虽说是租借了一个小规模的画廊举办的，但坐在轮椅上观赏自己的作品，我有一种不同的感怀。我能有今天，能在这个位置上欣赏自己的作品，全亏了多年来一直在我身旁任劳任怨的妻子。此刻，我对她充满了感激。

我第一次见到我现在的妻子是在大学四年级的时候。那时我刚刚服完了兵役，并在一所大学继续剩下的学业，而她则是和我同一所大学的国文系学生。她一边看着陈列在校内画展上的我的作品，一边对我说：

“这幅画真的太好了！”

“您觉得哪儿好啊？”

“我虽然不很懂画，不过看着这幅画，我就会感到浑身充满了力量。”

我那时虽说还是一名学生，但我已经被画坛公认为是一个最值得期待的新人。我毫不在意妻子作为美术领域的门外汉而对我的作品做出的评价，开始滔滔不绝地向她解释起来。妻子由于说错了一句话，竟整整听了我三十分钟的教育。要是换了另外一个人，说不定她当时早就不耐烦地打断了我。可是妻子耐心地点着头，终于听完了我的长篇大论。听完了我的演讲，妻子给我取了一个绰号叫“卡鲁索”。她认为，如果说卡鲁索给演唱界带来了一场革命，那么我的作品将给绘画界带来一场风暴。从此以后，我们的关系进入了快速发展阶段。

从恋爱时期开始，妻子就一直富于献身精神，并对我的一切给予充分的理解。最初，我对她充满了感激之情。但不知从何时开始，我就把这些看成了理所当然的事情——恰如我从未曾留意空气的存在。大概也正是从那时起，我开始变得傲慢无比。我以为妻子就是那个始终会一如既往地等待我的人。

即使已经跟妻子约好了时间，可只要有朋友打来电话，我就会放下电话出去跟他们喝酒，根本不管妻子是否还在约好的地方等着我。当时，我是那么热中于跟朋友们聚在一起，倾听人们赞美我的作品。所以只要有这样的机会，我几乎一次不落。

有一天晚上，我约好了要跟妻子在校园里见面，可是朋友们突然请我去参加一个酒会，于是我想也不想，赶到那里一直喝到很晚，根本没考虑妻子一个人等在校园里会是什么感受。我那时正在准备我的毕业展，而且非常想知道人们是如何评价我正在创作的作品。人们对我的作品赞美有加，一致认为我将成为一个新世纪举足轻重的画家。我陶醉在这样的赞美声中，完全忘记了时间的概念。

我从昏迷状态中突然清醒过来。那一瞬间，我只记得自己喝了很多酒，然后晃晃悠悠地在街上行走，除此之外什么都想不起来。

这时一束强光照射过来。我浑身感到软绵绵的，不由自主地再次闭上了眼睛。我睡了很久之后朦朦胧胧地苏醒过来，眼前的一切模糊不清。我想动一动自己的身体，可怎么也动弹不得。我逐渐看清身穿白衣的人在旁边忙乱地走动着，妈妈似乎也夹在这些白影中间手足无措地走来走去。我不知究竟发生了什么事情，迷迷糊糊地沉入梦乡。就在我即将昏睡过去之际，突然听到有人在喊我。

"金英民，金英民，你醒过来了吗？"

我连眼皮都抬不起来，含含混混地应了一声，然后又睡了过去。我不知道我睡了多长时间。等我再次睁开眼睛，我发现社区教堂的牧师正在床头为我祈祷。我震惊不已，本能地高声喊起妈妈来。

"妈妈……妈妈……"

"谢天谢地，英民你可醒过来了。牧师先生，他好像醒过来了。"

我只觉得浑身像是绑上了铅块一样沉重无比。我想坐起来，看看我的身体到底发生了什么事情。可是我的身体根本不听使唤。

"妈妈，我怎么了？"

妈妈一句话也没说，在一旁不停地抽泣。我更加迷惑不解。这时爸爸沉重地对我说：

"英民你别吃惊，好好听着。出了车祸，这你还记得吗？"

"不记得啊。我就记得我们在一起喝酒……"

"你们喝完了酒，在过马路的时候发生了交通事故。医生说，你的身体已经失去知觉了。"

"什么？您说什么？爸爸，您不是在骗我吧？您一定在骗我！"

"英民……"

妈妈只这样喊了一下我的名字，就说不下去了。

"你能活下来就已经是个奇迹了。这么说你就该知道这场车祸有多严重了。”

“上帝只把我们承受得了的痛苦降临到我们的身上。英民，你是我们的好兄弟，你一定能战胜这种痛苦重新站起来。鼓起你的勇气面对现实！”

爸爸和牧师在旁边安慰我的声音在病房里回荡起来。

有很长一段时间，我无法接受眼前的现实，所以每天就那样失魂落魄地躺在病床上。那时我觉得我就像是泡在游泳池里，而爸爸妈妈以及亲朋好友们的安慰就像是游泳池外传来的噪音，虚幻而又空旷。我听不清他们对我的鼓励和安慰。最初还有不少好朋友时不常地到医院来看我，但看到我这副模样，他们来得就没有那么频繁了。最后，医院里经常剩下我一个人傻傻地躺在病床上。

我有时真的希望这一切只是一场噩梦。如果能够逆着时间的方向回溯，我真希望回到那一天，回到发生交通事故之前的时段。如果那天我没有去参加那个宴席，而仅仅跟她吃顿晚饭然后早早回家，就不至于发生这种惨剧。我追悔莫及，整日以泪洗面。

爸爸一直都能保持一颗平常心，可现在，他的嗓音也开始颤抖起来。我虽然看不到他的身影，但我估计他是在暗自哭泣。我恨自己怎么没有因这场交通事故当场死去。尽管这是愧对父母的想法，但我每天都这样对着花白的天花板诅咒自己。但是，我的双手什么也做不了，我甚至都无法了断自己的生命。

我一直在接受物理治疗，可身体状态并没有出现任何好转的迹象。

“只要患者本人具有顽强的求生意志，任何奇迹都可能发生。所以还请你不要放弃希望。我在这家医院工作期间，曾见过无数医学和科学无法解释的事情。”

医生总是对我说，只要不懈地努力，就可能发生奇迹。我根本无法相信他的话。我总是想，“我的一切已经随着这场事故灰飞烟灭了。别说是去实现成为一个伟大画家的梦想，我都不能自己给自己洗脸，也不能用手提起一把羹匙，我已经成了一个废人，我还能做些什么呢？哪怕只是上半身瘫痪，情况也不至于这么糟糕。可现在，一切为时已晚。”

后来我出了院回到了家里。我知道我已经变成了妈妈的一个巨大包袱。妈妈不得不从早到晚为我做出牺牲。我脖颈以下的身体全部瘫痪了，所以妈妈一天要好几次给我按摩身体。不仅如此，妈妈还要负责照顾我所有的日常活动。我那时想，我要是干脆死掉，就不会让妈妈为我吃这么大的苦头了。我整天沉浸在深深的自责之中。

“英民啊，来客人了。”

妈妈的声音把我从睡梦中叫醒了。我睁开眼睛，看到她正站在妈妈的身后。我住进医院后没过几天，她就已经不再到医院来看我了，所以我确信我们之间已经就此了断。在此之前，我还以为她永远都不会离开我，可是一想到她离开得那样决绝，我便陷入深深的痛苦与对她的怨恨之中。过了一段日子以后，我开始设身处地站在她的立场上思考这个问题。我不禁反问，如果是她发生了这样的交通事故，我又会怎么做？我答不上来。我意识到要想继续留在她的身边，我需要的可不是一般的勇气。这样一想，我也就不再像最初那样怨恨她了。可就在这时，她出乎意料地找上门来。她的突然造访，似乎也给妈妈带来了一个不大不小的希望。妈妈给她拿来一把椅子，让她在我的床边坐下来，然后就走出了我的房间。我心中虽然感到高兴，但嘴里却说出与此背道而驰的话来。

“你怎么来了？”

我说着把目光转向一边。

“你还是赶紧走吧。我看我妈似乎还对你抱有一线希望。我可不想因为你的事情再伤我妈的心。你走吧！”

“你别生气。我这段时间没能来看你……”

“我不是在跟你生气。一看到你，我就会想起那天的事情。我老是想，那天我要是去见你，跟你一起吃顿晚饭回家，就不会发生这种交通事故。我一直都不拿你当回事，这一回算是遭到了报应。所以你还是走吧。我再也不想看到你了。”

“你让我去哪儿啊？我已经从家里跑出来了。我要跟你结婚。”

“什么？”

听她果断的语气，我不禁吃了一惊。

“这段时间以来我想了很多。刚开始我很害怕，就像身边的朋友们忠告我的那样，我也想把你忘掉，然后试着去喜欢另外一个人。可是我发现我的生活中不能没有你。我自己都觉得自己是个大傻瓜，但我也没什么办法。”

她的声音在细微地颤抖。我真的想轻轻地握住她的手，深情地抚摸她的头。

“我现在没地方可去了。即使抛弃了一切，我也得跟你在一起。你就让我待在你身边吧。我爱你。你不也爱我吗？”

她不顾家里的反对，坚持要跟我结婚，而且还从家里跑了出来。她开诚布公地向我的父母表明她想跟我结婚的意愿。妈妈对此感到无比高兴，但爸爸却认为这样会让她受苦，因此抱着明确的反对态度。她的父母反对我们结婚，对此我无话可说。可是她的决心毫不动摇。十二月二十五日，我们在无数的反对声中终于在教堂里举行了婚礼。

结婚以后，我开始了康复锻炼。我很长时间没有活动自己的肌肉，因此稍一活动，浑身上下疼痛难忍。我们一天天在期待着奇迹的发生，可是奇迹并没有如期而至。我绝望至极。为了治疗我的瘫痪，我们花了很多钱，而且还投入了活生生的劳力，可仍然不见什么效果。我不知道还有什么理由再这样继续下去。可是我的妻子并没有放弃。

“如果你现在放弃了，那么过去的时间不就太可惜了吗？如果奇迹能在一天之内发生，也就不会有什么交通事故了。你不是常说，梅花香自苦寒来吗？我们跟梅花一样，只要能够耐得住苦寒的摧残，总有一天会在冰天雪地中傲然怒放的。所以，英民，你一定要下定决心。”

我无数次在绝望与挫折中鼓足勇气，与伤残作斗争。在接受物理治疗两年以后的某一天，我的手指头突然开始有了痛感。医生告诉我说，这证明奇迹正在发生。已经瘫痪了的身体正在逐渐恢复知觉，这确实可以称得上是一个接近奇迹的事情。我备受鼓舞，整天都坚持康复锻炼。后来，我终于能艰难地抬起手臂握住妻子的手，而且还能笨拙地抚摸她的头。那一天，我和妻子激动万分，抱在一起放声大哭起来。

此后，又经过一段时间的努力，我终于能够自行坐到轮椅上了。也许有人会说，付出了那么多的努力，才勉强能坐到轮椅上，这算不得什么。但我对自己能够坐到轮椅上这件事充满了感激。我心中期待着哪一天能重新站立起来，同时拿起许久没摸过的画笔。

“明天从医院回来的路上能不能到文房店里买些画笔和宣纸？我觉得现在能试着画一画了。这么长时间了，一幅画都没画，我都快憋死了。”

妻子听了我的话，脸上露出愉快的神情，走过来紧紧抓住了我的手。

“那就别推到明天了，咱们这就去买怎么样？我也很想看到你画画的样子啊。”

我和妻子一不做二不休，立刻去文房店买回了作画所需的材料和工具。我蘸满了妻子研出的墨汁，开始在宣纸上画了起来。令人沮丧的是我似乎还没有足够的力气，还无法控制住颤抖的手臂。

“肯定是因为你很长时间没有握笔。”

我在妻子的安慰中继续作画。但我的手臂依然颤抖不止，那时，我的绝望远远超过了刚发生交通事故时的程度。

“手抖得那么厉害……重新画画不过是我的妄念而已。我不可能再画画了。”

发生了交通事故以后，我失去了感觉，眼下还没有完全恢复，所以根本无法像以前那样表现得淋漓尽致。我再次陷入了绝望。我对身体出现了好转而产生的喜悦也很快就消失了，我的心中充满了愤怒。既然想恢复我的健康，为什么不让我恢复到原来的样子？我在心中这样抱怨上帝。但妻子始终在身旁激励我，并对所有的事情心存感激。她费尽心机，更加专注于我的治疗。但是我仍然没能克服手臂的抖动。而且所谓的奇迹也不再继续出现在我的身上了。我仍然需要整日坐在轮椅上。无论采取什么医疗措施，我还是无法控制手臂的颤抖。

我一次又一次把画笔扔掉。每当这时，妻子就会把希望重新灌输到我的心中。

“因为手臂不由自主地颤抖就丢下画笔，这跟你最初什么都不做，傻傻地躺在床上看着天花板有什么区别？”

“那你是说我现在还不如干脆躺下来整天看着天花板度日吗？”

“不。我是说你必须明白你现在正一天天好起来。还有，很多画家都没有你这么细致的功底，可他们并没有因此气馁，而是顽强地努力，并创造出一幅又一幅体现他们风格的作品。我希望你也能成为这样一位画家，成为一个百折不挠、顽强进取的画家。我会一直陪伴在你身边的。”

妻子的鼓励和支持，使已经站在悬崖边上的我重新看到了希望。我的情绪逐渐开始稳定下来。到现在为止，事情的发展似乎也正像妻子所说的那样。我觉得妻子的话语中确实包含着那样一种非凡的力量。

我终于找到了头绪。我开始用嘴咬住笔杆作画。妻子看到这个情形，对我大加赞赏，她宣称只有天才的画家才能想出这个办法来弥补手臂颤抖的不足。但我知道，要是没有妻子在旁边耐心地鼓励我、鞭策我，我就不会产生这样的想法。

在我陷入绝望的泥沼、感到再也找不到任何机会之际，妻子向我伸出了双手，并帮助我找到了新的道路。我做到熟练地用嘴咬住笔杆作画花费了很长时间，身体也经历了各种磨难。但是我坚信我将能够以这种方式画出我心中的图画。正是这样一种信念，我才能最终战胜所有的艰难困苦。

画展取得了巨大的成功。评论家们一致认为，我用嘴咬住画笔在画布上画出的线条动感强烈，势如破竹，表现出一种独特的律动与美感。此外，有很多来看画的人以前并不关心美术作品，他们是因为听到我克服了身体残疾的人生故事，特意从各地赶来的。他们说从我的作品中感受到了一种希望的力量。听到这样的评论，我真想从轮椅上一跃而起。我那时觉得，我终于找到了我之所以画画的理由。

我现在把我所有的欢乐献给我的妻子。假如有那么一只蜥蜴，为了挽救另一只被钉在墙上动弹不得的蜥蜴的生命，而每天用嘴叼来食物喂它，并最终成功把它救活，我想那一定是我的妻子的化身。妻子给我这个原本动弹不得的人带来了希望，并帮助我获得了新生。

在我遭受挫折的时候，妻子总是把我搀扶起来，带给我新的希望，所以我才能克服所有的困难，一直坚持到今天。如果没有妻子的激励，我的人生又会是什么样子呢？我能有今天，完全是得益于妻子的关怀与爱护。我对她给予我的爱始终心存感激。

14 婆婆是我的朋友

最近人们是否仍在使用"婆媳之间的矛盾"这种说法
一句话从善意的角度去理解，就会听出无限美好
但从相反的立场上去理解，自然会听出恶意

“亲爱的，我这个周末要跟妈妈去泡个温泉澡。”

“还要去？那不是又扔下我和孩子们了？”

“我们星期五晚上出发，星期天回来。其间你就多辛苦多费费心啦。我要是带着孩子们去，妈就该忙不过来了。”

“我知道了。”

自从婆婆的关节炎变得越来越严重，京子每个月都要带着婆婆去泡一次温泉澡。因为她听说这会有助于治疗婆婆的关节炎。她们二人进入温泉池，很多人还以为是母女俩，并对她们这样亲密无间的关系羡慕不已。

不过，京子和婆婆之间的关系并非从一开始就这么好。她的丈夫是个独生子，而且婆婆也已守寡多年。在她决定要跟丈夫结婚的时候，周围的人曾这样劝告她：

“对于这样的家庭来说，守寡多年的婆婆差不多就等于是儿子的原配夫人，而真正结了婚的妻子只能算得上是一个小妾。你能受得了吗？”

每当这时，京子就会回答：

“不至于那么严重吧。”

但是，他们结束了新婚旅行回到家里，这个“不至于”很快就变成了现实。

“怎么才起来呀？年纪轻轻的，这么懒哪行啊，都已经九点多了。赶紧做些东西吃吧。俊夏没汤吃不下饭，还有他也不喜欢吃辛辣的食物。”

婆婆说完了话，也不等京子回答就挂断了电话。这是他们新婚旅行后回到家里的第二天早晨发生的事情。京子放下电话傻乎乎地站在那里，她感到心里很不是滋味儿。

这通电话变成了京子和婆婆之间矛盾冲突的开始。婆婆随时打来电话，不厌其烦地确认他们都在干些什么、儿子是不是能够吃到热乎乎的饭菜、是不是在按时上下班，等等。不仅如此，婆婆还经常给京子打电话，一一确认她每天是否做完了该做的事情。偶尔遇到京子外出办事，婆婆就会刨根问底地追问她刚才是去了哪里，又见过了什么人等。由于婆婆的介入，京子和俊夏两人经常吵架。已经憋了一肚子气的京子有一天终于爆发了。

“妈妈是不是太过分了？我又不是一个孩子，难道所有的事都得经过她老人家检查吗？”

“我妈一个人待的时间久了，感到寂寞无聊，所以才这样。你不妨也一个人整天待在家里试试，看看能有什么乐趣？你就多体谅她一些吧。”

“你也别让我一个人去体谅。你也总得去做些什么吧？我可实在受不了了。”

“你让我怎么做啊？你是不是觉得我应该在电话里跟妈妈说：

‘妈你就别再打这样的电话了’？”

“谁让你这么直截了当地说了？肯定会有别的办法，是不是？既然是你的妈妈，你就多想想办法。再这样下去，我都快得精神病了。”

“不等你得上精神病，我首先就疯掉了。夹在你和妈中间，我都快成什么了？”

“我不管。反正要是再一大早就打电话过来，我就要发火了。”

“发火不发火随你的便吧，我也不管了，我也烦死了。咱们从新婚旅行回来以后，几乎每天都要这样吵上一架，我现在都害怕回到家里了。”

“只要妈妈能控制一下打电话的行为，咱们之间也就没什么可吵的了。”

俊夏和京子夫妻俩因为这种小事，接连几天争吵不休。他们还没来得及享受蜜月的甜蜜，就已经陷入了危机之中。可婆婆也不知是否了解这种情况，每天早晨六点钟就会一如既往地准时打来电话，说：“起来了吗？是不是在准备早饭？可别忘了给俊夏煮汤。”婆婆这样说完，也不等京子回答，啪的一声就挂断了电话。

可是他们刚结婚没几天，京子也不好用言语顶撞婆婆，她只能默默承受婆婆的指手画脚。她对此厌烦至极，而这种情绪原封不动地转嫁到了俊夏的身上。所以，对于每天都拖着疲惫的身体回到家里的俊夏来说，这个家再也不是一个可以躲避风雨的港湾了。

下了班，俊夏要么留在公司里加班，要么跟朋友们在外面喝酒打发时光，他想以这种方式逃避来自妻子的满腹牢骚。可是俊夏回来得越晚，京子就越觉得丈夫的做法不可接受。于是，两个人在结婚三个月以后，终于开始后悔他们的结合了。就在这时，俊夏被公司派往外地出差，时间为一周左右。

“我们要去的地方是内陆地区，说是连电话都不通，所以可能没办法给你打电话了。你就别太担心了。要是有什么事情，你就给我们公司打电话吧。”

“我知道了。”

“还有，我不在家这段时间，真希望你和妈能和平相处。”

“……我努力吧。”

俊夏出差以后，有那么两天时间，京子和婆婆两人相安无事。一到早晨就会准时响起来的叫早般的电话铃声也不再响了。

可是从第四天开始，京子开始隐隐觉得有些孤单起来。她本以为丈夫不在家，就不必一大早起来给丈夫准备早餐，因此会比往常更舒服一些。可是，早晨起来，竟然连个可以对话的人都没有，她不禁感到有些无聊。于是京子猛然想起了婆婆，她觉得自己倒好办，再等几天丈夫就会回到自己的身边，可是婆婆呢？自从身边唯一的儿子结婚成家，婆婆就只能这样一天天度过寂寞的岁月。京子想，婆婆这一整天都是怎么度过的呢？她有些好奇，同时也觉得有些对不住婆婆，于是京子给婆婆打了个电话：

“妈，是我。您这几天都好吧？”

“都好。你有什么事吗？”

“他出差去了，可这几天没接到您的电话，所以打个电话过来，看看您是否有什么事情。”

“嗯。没什么事情。俊夏出差了，你一个人该很无聊了吧。就算这样，你一个人也得按时吃饭。”

“知道了，妈。妈您也要按时吃饭啊。”

“我刚刚吃过了，不过这两天没什么胃口。”

京子打这个电话并没有什么特别的用意，不过很长时间以来，她还是头一次能这样平心静气地跟婆婆通话。京子都已经想不起来上一次这样心平气和地跟婆婆通话是在什么时候。但无论如何，通过电话以后，京子的心情突然变得愉快起来。她觉得她和婆婆之间似乎突然变得很亲近了。京子打开冰箱，从里面取出几天前从网上购买的腌鲅鱼，立刻走出家门坐上了公共汽车。坐了二十多分钟车，她来到婆婆家的门前按响了门铃。过了好一会儿，婆婆才出来开门。

“怎么？你这是怎么回事？”

“我只是想来看看您在干些什么。”

“哦，好。快进来吧。”

“妈您吃过午饭了吗？我还没吃呢，是不是我来做一点，咱们一起吃一口？”

“你怎么会知道什么东西放在什么地方？算了，还是我来做吧。”

“嘿嘿。要是俊夏看到我这副样子，肯定会取笑我，哪有媳妇让婆婆给做饭吃的？”

“净说些没用的话。那从今往后，你就别做我的媳妇，做我的女儿好了。膝下只有这么一个儿子，这是我一生的遗憾。不过你要是做了我的女儿，我就心满意足了，何况我再给你做饭吃，你也就不用这么不好意思了。是不是？”

京子感到一股暖流瞬间涌遍全身，她立刻产生了想为婆婆做些什么的想法。同时她也意识到大人们在跟自己的孩子在一起时，心情总是这样愉快的。

“妈，咱们吃了午饭，去逛逛百货商场怎么样？我刚才发现，您的鞋破旧了，咱们一起去买双新鞋吧。”

“算了吧，我还有别的鞋。你们可要节省着花钱才是。”

“就算我们想省钱，那也不能让您穿着这么一双破旧的鞋四处走动。要是哪天不小心绊倒了，碰到了什么地方，那可怎么办啊？”

“百货商场的东西都太贵了，我更喜欢到自由市场买东西。”

“那咱们就去百货商场逛一逛，然后到自由市场买一双吧。我给您买双鞋，您给我做一回晚饭，您看怎么样？”

婆婆扑哧一声笑了出来。自从有了这一天的第一次单独接触，京子和婆婆开始彼此努力去了解对方。

“妈，说实话我真的很怕您。早晨打电话的时候，您自己说完了，等都不等我一下就把电话挂断了。这样我就更怕您了。”

“我是怕更多地妨碍你，所以才匆匆挂掉电话的。我猜你可能正忙着准备早餐，或者忙着给俊夏做上班的准备。可我还是担心你们年轻人容易睡懒觉，影响上班，所以每天早晨都打电话过去确认一下。结了婚总要做得比以前更好，哪能让人们说三道四呢？我就是担心俊夏动不动迟到。”

“不过说心里话，我还以为您是在担心我不按时给俊夏做饭，让他饿着肚子上班，所以才每天给我打电话呢。”

“你真的是那么想的吗？那我可得多注意一下我的语气了。”

“不是这样的。我现在既然已经知道了您的想法，再也不会为此感到难过了。以后还请您每天打个电话给我们吧，这样我也就知道妈这一天平安无事。”

京子在跟婆婆的交流过程中，消除了以往积攒下来的误解。京子静静地握住婆婆布满皱纹的手，心中默默地说道：

“妈，对不起您了。您这么慈祥，可我却那么狭隘地理解您的善意。”

两个人之间的关系迅速升温。等到俊夏出差回来的时候，两个人都已经开始结伴去观看电影了。

“这么几天工夫，到底都发生了什么事情？”

“这是秘密。”

“尽管不知道是出于什么原因，但我真的希望这种状态持续下去。”

“以前我的反应过于敏感了。一听到‘婆婆’二字，我就感到头皮发麻。我误解了妈的良苦用心。”

“你终于明白了？”

京子欢快地笑起来。而俊夏的心情也变得更加轻松了。

15 互相给对方洗脚的夫妻

你的脚底沾满了为家庭付出的奉献精神和爱
我用我手心里的温度传递我对你的感激
你今天辛苦了

我和妻子在新婚之初吵了太多的架。周围的人对此解释说，两个人在结婚之前，生活的环境各不相同，走到一起自然会发生争吵。但我以为我们吵得实在是太频繁了。

我不妨举个例子来说明一下。

“咱们好久都没一起喝一杯了，今天来杯啤酒怎么样？”

“好啊！”

“那你就趁着我收拾厨房的工夫，好好准备一下吧。”

“我知道了。”

妻子很快就把厨房收拾完了。

“我不喜欢这种啤酒……味道太苦了。”

“是吗？那你就把你喜欢的拿出来吧。”

“你既然服务了，干脆就服务到家嘛。嗯？”

“我怎么知道你喜欢什么口味的啤酒？还是你自己去拿吧。”

“算了。我不喝就是。又不是让你给我买一瓶我喜欢的啤酒，我只是让你从冰箱里把它拿出来，怎么就这么难？”

“你真是鸡蛋里挑骨头。我准备了这么长时间，就算这个啤酒不合你的口味，你就不能委屈一下喝两口？你甚至都不顾今晚的氛围，一味地让我去给你拿你喜欢的啤酒。你不喝算了。算了，我也不喝了。”

我们的冲突总是从这些鸡毛蒜皮的小事情上开始。吃完了饭，两个人想心情愉快地喝一杯啤酒，但我们在碰杯的时候就可能吵起来，结果不欢而散，晚上睡觉的时候都背对着背彼此不理不睬。有时，我们好容易两个人一起外出，但经常因为发生了争执，而赌着气各自回家。只要有一方退让一步，估计也就能过去了，可是我们两个都很固执，谁都不肯首先做出让步。

结婚之前，我们以为跟对方很合得来，所以才决定结合在一起。但是现在，我开始怀疑“婚姻生活是一种现实生活”这句话的真伪。那么，我和妻子是否就因为碰在这堵现实的墙壁上，所以才吵个没完没了？我们之间已经到了根本无法沟通的地步，这使我们俩都曾认真地想过离婚这件事。我们沉浸在相互抱怨的情绪当中，只觉得对方越来越面目可憎。我们都为此感到身心俱疲。我们像两个陌生人一样，接连好几天都不说一句话。最终，我这样向妻子提议：

“咱们别再这么过下去了，离了算了。这哪里是人过的日子啊？”

“好吧。我也有同感。”

“那么，协议书之类的东西就由我来准备好了。”

“我知道了。”

我们俩结婚以后头一次达成一致的内容竟然是离婚。我在这样的结局面前一句话都说不出来，但也许是因为考虑到我们之间的缘分可能真的就到此为止了，所以反过来也还有那么一点心情舒畅的感觉。我们在从法庭带回来的离婚协议书上签了名盖了章。在我们提交离婚协议书之前，所有的事情进展得都很顺利。我答应把房子留给妻子和孩子，而我则重新回到父母家里。

为了我们在一起的最后一天，妻子给我做了一碗炖干明太鱼，而且还特意准备了一瓶烧酒。我空着肚子喝下了满满一杯烧酒。这一杯酒下肚，我的心里开始热乎起来。我们两人默默对饮了几杯。

“我不在旁边，你一个人没问题吧？我一周来看一次孩子。当然了，等你有了新的爱人，我恐怕连一周一次都过不来了。”

“我跟你都过不到一块儿去，还能跟谁过啊？不会有那种事，你想孩子了，就随时过来看看吧。”

“谢谢你。”

“这有什么好谢的？都是应当的事情。”

“我以为你一生都不会原谅我呢？”

听了我的话，妻子瞪大了眼睛问道：

“我怎么会？”

“我不是在你的人生履历上给你贴了一张离婚证书吗？”

“你怎么会有这个想法？咱们走到这一步，也不能都怪你，我也有很多过错。”

“你这么说，我心里倒有些过意不去了。今天可是咱们在一起的最后一天，我的心情很沉重。”

“事实上……我的心情也很沉重。这么长时间以来，我是不是也有很多地方对不住你啊？我只是一个劲儿地向你索取……”

“别这么说。都是我不懂事，老是跟你过不去。我老是希望你能像我的妈妈那样对我照顾得无微不至。我现在才明白，我一直都是只想着我自己。”

我突然意识到，在结婚以后我还是第一次这样平心静气地跟妻子交谈，把我心中的想法原原本本地告诉她。

“咱们俩今天可真是挺奇怪的。咱们都能这么说话了。”

“咱们俩从结婚到现在，有没有过像今天这样深入的、长时间的交谈？”

“没有。好像是头一回。”

“是不是因为今天是最后的日子，所以都想让对方舒服一点？一想到这是咱们俩在一起的最后一天，我就后悔以前怎么就没能先向你让步。”

“我也是。原来你也这样想啊？”

“那……咱们是不是再过一周试试看？”

“这样也没关系吗？”

“当然。谁会说什么呀？咱们只是向法院提出了离婚申请，但法院还没有判咱们离婚啊。直到判咱们离婚之前，没有人会指责咱们生活在一起。”

于是我们决定再在一起过上一周时间。后来，一周变成了一个月，一个月又变成了一年。从那以后，我们变成了一对“鹦鹉夫妻”，我们的离婚大战最终也草草收场了。自从有过这件事以后，我和妻子把每一天都当成是我们俩在一起的最后一天来对待，并努力去理解对方的想法，进而爱惜对方、处处为对方着想。我越来越善于以“我先让她一步？我就输给她一次？”这样的想法去解决我们之间的争端。后来我发现，我以前在每件事情上固执己见的做法实在是太可笑了，现在回头去看，那时的我简直像傻瓜一样。

有一天我正在里屋看书，妻子忽然激动地喊我：

“亲爱的，快过来。快，快过来瞧瞧！”

“什么事啊？大惊小怪的。”

“你瞧瞧那儿！”

我顺着妻子手指的方向看去，电视画面中，有几个男人蹲坐在地上，正在给各自的妻子洗脚。但不知是什么原因，画面中的男女都在哭泣。我好生奇怪，于是这样问妻子：

“干什么呢？这些人到底是在干什么呀？”

“嗯……这是‘好爸爸’活动的最后一部分，活动规定丈夫要给妻子洗脚。”

“哼！真是什么人都有，也不嫌丢人！”

“你怎么能这么说人家？在少女时代，那些妻子们的脚能裂成那样？她们的脚底能有那么多的老茧吗？还不都是因为跟丈夫结了婚，为了生活才变成了这样？要是嫁到了富人家里，来去都有司机接送，家里的活都由保姆来干，孩子们的教育问题交给家教管理……她们的脚还能变成这样吗？她们是因为想到自己这辈子吃了这么多的苦，所以才会哭成这样的。”

“要是别人把事情都干完了，家里的主妇做什么呀？她们不就变得无所事事了吗？她们就会变得无聊起来。这有什么好处吗？”

“不过我倒想知道，无聊的家庭主妇会去干些什么？”

“能干什么呀？还不就是养几个小白脸儿？”

“呸！”

“不过你就是为了让我看这个才叫我过来的？”

“嗯。我想让你也给我洗洗脚。”

“不行。别烦我……”

“什么？我烦你？你是不是太过分了？你知道我跟你结婚后，一直到现在我有多辛苦吗？给我洗个脚就不耐烦了，这说得过去吗？”

“我就是不耐烦，你能怎么着？”

“好吧。那就……让你尝尝我的厉害。接招吧，你！”

我最怕人家挠我的痒痒了。尤其是在我笑的时候，人家就是把手指指向我的腰部，我都会感到痒得不得了。因为妻子早已掌握了我这一致命的弱点，所以她有时也偶尔向我发起搔痒攻势。每当遇到这种情况，我多半都会笑出眼泪，但还要穷于招架妻子发起的进攻。

“好了，快打住。我的肠子都快绞在一起了。”

“怎么了，真弄疼了吗？”

“嗯。太疼了，我都动弹不了了。”

小时候，有一次小朋友们狠狠挠过我一次痒痒。那一次，我笑得实在太厉害，连肠子都绞在了一起，所以不得不去医院就诊。发生了这样的事故以后，妈妈吓得不得了，每到新学年开始，学校要求家长填写个人注意事项的时候，她都会认真地写上我这次可怕的经历。若是有同学们到家里来玩儿，妈妈也会板着面孔告诉他们我怕痒的毛病，并要求他们在跟我一起开玩笑的时候尤其要注意。妈妈在强调这件事的过程中掺杂了太多夸张的成分，所以妻子在挠我的痒痒时，一旦听到我发出“肠”这个音，她就会立刻把我移到沙发上，并百分之百按我说的去做。

这次我又故伎重演，骗过了妻子。妻子使出吃奶的力气，好容易把我拖往沙发。我假装身体已不听使唤，卸掉力气，把全身的重量都加在了她的身上。妻子连背带拖终于把我弄到了沙发上，可我还在装病。

“快给我揉一揉。哎哟！”

妻子就像是一个纯真无邪的孩子一样汗流满面地揉捏我的四肢。妻子长得小巧玲珑的，看着她急得快要哭出来的样子，我尽管有些于心不忍，但也由此体会到我对她来说是一个多么重要的存在，因此心里还有些幸灾乐祸。我偶尔把这个故事讲给和我要好的朋友们听，他们则会一致地把我称为那个爱撒谎的“放羊少年”。妻子给我按摩的时候，我舒舒服服地睡着了。等我醒过来，发现妻子实在忍不住困意袭来，正在我的脚下打着盹儿。我的心为之一震。我暗自问自己，难道这就是所谓的幸福吗？

有一天，我刚下班回到家里，妻子便让我在沙发上坐下来。

“前两天把你给痒坏了，我该罚。”

妻子说着，打来一盆热水给我洗脚。我除了在洗脚的时候不得不摸摸这双脚，平时连理都不理它们。就是这么一双臭脚，妻子却在如此认真地抚摸它们。我感觉到妻子的手通过揉搓我的双脚，在向我传递她对我的挚爱。妻子给我洗完了脚以后，我同样把妻子扶到沙发上坐下，然后开始给她洗脚。我暗暗想，妻子的心情是否也跟我一样？这一刻我有点尴尬，但表情也十分严肃。

从这以后，只要我们夫妻俩对对方有什么意见，就这样相互给对方洗脚，并以这种方式解开心中的结。

如果夫妻两人的生活有一个有效期，而这个有效期仅为一年，那么情况又会怎样？我们把一年时间全部用于相爱，时间也许都不够用。把这样短之又短的相爱时光一年一年累积起来，也就变成了我们的一生。我想，这也许就是幸福的婚姻生活。

16 丈夫的成败在于妻子

你是我最引以为豪的人
这不是因为金钱也不是因为名誉
理由只有一个——因为你在珍惜我

我二十七岁那年结了婚，如今已经有了一双年纪分别为六岁和四岁的儿女。我在正值如花似玉的年龄结婚生子，并生活至今，其间也遇到很多令人郁闷的事情。不过现在，我看着我所爱的孩子们茁壮成长，生活在幸福之中。

我的丈夫一回到家里，张口就是“太累了”。为了保证他早上八点准时上班，我必须在七点钟起床，给他准备早餐。可是丈夫总是想在床上多“赖十分钟”，结果上班的时候常常是慌里慌张的。他经常加班加点，而且也经常到外地出差，所以他不可能不缺觉。

星期天是丈夫补觉的时间。在星期天里做做自己感兴趣的事情，或者全家人一起去旅行一次，这对我来说简直是在白日做梦。丈夫顶多偶尔陪我去超市转一转，这也都可以算得上是烧高香了。

事实上，我尽管也很清楚丈夫一个人工作很劳累，但既然他不是一台赚钱的机器，我认为他就应该拿出一定的时间，跟家人坐在一起聊聊家常什么的。可是丈夫总是在孩子们入睡以后才能回到家里，而早晨也都是在匆忙之中出门上班。何况到了星期天，他要整天待在家里睡觉，所以孩子们根本无法跟爸爸一起共度时光。

一个月前的一个星期五，大孩子自豪地把一张画递到我面前，说是自己在幼儿园画的。在这张题为“我们一家”的图画中，我只看到了孩子们和我的形象，没看到孩子们的爸爸。我很是吃惊，于是最大限度地用一种柔和的声音跟孩子交谈起来。

“哦，相宇画了咱们全家啊！不过，爸爸哪里去了呢？”

“啊！对了，还有爸爸呢。这我怎么给忘了！”

“相宇啊，要是爸爸知道了，你知道他该有多伤心吗？你看咱们是不是在这里再画一个爸爸？”

“没关系。爸爸总是那么晚回来，他不会知道的。”

从孩子的语气中，我似乎听出他把爸爸的早出晚归理解为是一种不在场，或者是一种漠不关心。我又吃了一惊。

“相宇，爸爸即使每天回来得那么晚，也都会跟妈妈问起你和相嬉今天都做了些什么。可你知道妈妈是怎么回答的吗？”

我虽然嘴里这样柔声细语地跟孩子讲话，但在心里我还是感到吃惊。我觉得孩子忘了把爸爸画到画上，原因绝不仅仅在于孩子身上。我把相宇的画贴在了冰箱上。丈夫很晚下班回来，盯着相宇的画看了一会儿，然后怒视着我说道：

“这是什么东西？题目为‘我们一家’，可怎么偏偏没有我？”

“我也不知道。是相宇今天从幼儿园带回来的，说是他自己画的画。”

“是不是你没让他画上我，所以相宇才这样啊？你是不是跟他讲过爸爸不是咱们家的人？”

“我疯了，跟孩子们讲这些乱七八糟的东西？你每天都早出晚归，星期天又在家睡一整天，所以孩子们才把你这个当爸爸的看成是邻居家的叔叔了。还记得结婚之前你说过的一句话吗？你不是说，只要我给你生一个儿子，每到星期天你都会跟他踢踢足球，或者带他去澡堂洗洗澡吗？”

“你以为我不想这样吗？可我的工作这么忙，我又有什么办法？你好好跟孩子们解释一下。”

“要是能解释得通我还担什么心呢？你也得跟我一起努努力，要么少干一点活，要么减少在外喝酒的次数。”

看了相宇的画，丈夫也许是受到了不小的打击，连续几天都早早回到家里，跟孩子们一起玩儿玩儿。但这样的事情并没能维持多久。

有一天，我突然得知有一个高中同学和我们住在同一栋楼里。我很久没跟这个同学见面，所以相见之下，立刻请同学到家里来做客也没什么不妥。可事实上我在高中的时候跟这位同学的关系并不怎么亲密，更何况我家里养着两个孩子，屋子里每天都像遭到炮击的废墟那样混乱不堪，所以除非至亲好友，否则根本不好意思请人家来做客。那个同学也有两个孩子，所以我想她的情况跟我也差不了多少。

因此，当我们在银行或小区公园不期而遇，我们便会在自动售货机上买两杯咖啡，一边喝着一边聊聊家常。这样交往了一阵，有一天，她突然邀请我到家里去做客。

把孩子送上幼儿园班车以后，我便跟着她向她的家里走去。她的家里整理得井然有序，都让人怀疑她们家是不是真的有两个孩子在上幼儿园。我看到她们家干净整洁的客厅禁不住吃了一惊。我们同为家庭主妇，尽管我也不停地收拾，可我的家里怎么就那样一片混乱？

“天哪，你家里收拾得真干净啊！你们家是不是请了保姆啊？”

“没有啊。我们家的情况，还到不了请保姆的程度。”

“那是不是你们家的孩子都很乖啊？”

“你们家是一双儿女，可我们家却是两个儿子，他们俩能老实了？住我们楼下的邻居都上来敲过好几次门了。跟那两个孩子待在一起，我头疼死了。”

“那屋子里怎么能这么干净啊？有什么诀窍吗？是不是养着一个传说中的妖妇啊？”

“妖妇？哈哈……嗯，可不是吗。不过不是妖妇，而是一个妖夫。事实上他也不是从一开始就是这么一个妖夫。前不久，有一天清晨，我听到丈夫一个人起了床走到客厅去，还以为是外面有了女人，准备偷偷给人家打电话呢。于是我就蹑手蹑脚地跟了过去。可没承想我的丈夫正在一个人收拾客厅呢。”

“天哪！怎么突然收拾起客厅来了？”

“前些日子，住我们楼下的邻居因为孩子们闹得太厉害，曾上来敲过我家的门。我正在向他们道歉，可就在这时我丈夫刚好下班回家，结果被他碰到了。我丈夫每天都很晚回家，因此根本不知道家里的情况。他好像一直都以为家务事和养育孩子的事情并不是什么难事。那天我们之间什么话都没有，但他从梦中醒来，想去喝口水的时候，突然看到了我的面孔。他后来告诉我说，他那时感到非常惭愧。他突然觉得整天跟两个孩子在一起摸爬滚打，还要为一家人做饭洗衣服，收拾屋子，这些事实在太辛苦了。所以他决心，他至少得承担起收拾屋子这件事情。从那天起，我们家收拾屋子的活儿就全部由孩子他爸负责了。他身体不错，人也仔细，所以比我收拾的还干净利落。”

“所以你家里才这么干净啊？真让人羡慕。”

我在同学家里喝着咖啡，也努力想了想我丈夫值得我引以为豪的地方，可是我发现我什么都想不起来。他每天很晚回家，算不上是一个顾家的人，钱挣得也不算多……在同学家小坐的时间里，我的心情变得越来越阴郁。我后来甚至都想，我为什么会跟这样一个毫无优点的男人结婚？

不过凭心而论，我的丈夫在跟我结婚以前人很慈祥，待人也很热情。我不得不自己安慰自己，他只是最近没有时间，这是因为他要为了我们这个家庭去做更多的事情。尽管如此，我还是无法完全摆脱阴郁的心情。

那天晚上，我告诉他白天有过的这段插曲。

“真淑还当着我的面夸她的丈夫清晨起来收拾客厅呢。她念书的时候就总是自夸，现在结了婚还改不了这个老毛病……”

“你是不是在羡慕那个同学啊？”

“有什么好羡慕的……不过倒也有点。我本来也想夸一夸你，可真淑一直在滔滔不绝地夸她的丈夫，搞得我都不知道说些什么才好。我总不至于夸你人长得帅吧？”

丈夫听了我的话，扑哧一声笑了起来。虽然我还没有把我的想法全都说出来，但我估计他一定也是猜到了我当时的心情。

第二天，丈夫回家的时间比以往早了很多。回到家以后，他又像以前那样开始跟孩子们玩儿了起来。由于有了爸爸陪着孩子们一起玩儿游戏，孩子们兴奋起来，高兴得格格直笑。我没有丈夫那么大的力气，根本无法把孩子们抡起来旋转，也从没陪他们模拟摔跤比赛。大概是由于这个原因吧，孩子们玩儿得都很投入。

不仅如此，丈夫还帮我收拾碗筷，清洗餐具，而且还帮我把洗好的衣服挂到晾衣架上——这可是我最讨厌的家务事。孩子们见爸爸动手叠起毛巾，还以为这也是游戏的一部分，于是纷纷跟着模仿起来。我很高兴家里又恢复了往日的欢闹，心中充满了幸福的感觉。

“亲爱的，真的很感谢你！咱们俩是不是好好喝一杯啤酒？孩子们也都已经睡下了……”

“啤酒当然好了。咱们就去阳台喝吧。刚才我晾衣服的时候发现天气已经转晴了。”

我和丈夫很长时间没有这样单独在一起了。阳台上清风习习，我的心情格外舒畅。自从有了孩子们以后，我几乎把所有的精力全部花在了他们身上，而忘记了去关注我的丈夫。想到这一点，我心中有些过意不去。于是我借着微微的酒意，带着娇媚开始夸起丈夫来。

“你最近太累了吧？我知道。我今天实在太感谢你了。我丈夫是最棒的！不仅帮我做家务事，还能陪我喝一杯。”

“老实说确实很累。不过心情也很愉快！对了，我都多少年没得到你的表扬了？”

“开什么玩笑……你又不是一个孩子？”

“哈哈。这么长时间以来，我真是对不住你了。我总是借口公司里业务繁忙，而不去关心你和孩子们。从现在起，我一定多多努力，也好能让你在朋友面前夸夸自己的丈夫。”

丈夫又变成了一个慈祥的男人。看到他的变化，我觉得自己也应该付出努力，以使我变成一个值得丈夫称赞的妻子。我爱我的丈夫，因为尽管肩负重任，他却始终默默地通过一件件小事，给予我无限的信任。我相信，夫妻之间在相互珍爱、相互尊重的过程中，也将引领这个家庭奔向幸福的明天。

17 妻子的外出

女人都想穿上一身漂亮的衣服
但比这更重要的一点是
一颗包容之心

美妍在敞开了的衣柜前已经站了很久，她在那里不住地叹着气。

刚才，跟她接触比较亲密的相宇妈妈打来电话，跟她谈起了每年一度夫妻共同参加的聚会。到现在为止，每年年底大家都各自带着吃的东西，到美妍的家里聚一聚。但今年，由于他们两家都把孩子送到了滑冰冬令营，所以美妍提议可以趁此机会到外面吃饭。美妍现在正为这个聚会烦恼。

美妍结了婚以后直接变成了一个全职太太，开始操持所有的家务，因此可以说几乎就没有什么穿得出去的服装。在姑娘时期穿过的套装早已过时，已经穿不出去了。几年前的一个春天，她为了参加儿子的小学入学典礼而定做的那套服装，虽说有点单薄，倒也勉强能穿得出去。美妍把这套服装拿出来穿在身上，站到了镜子前。

“为了这么一个夫妻共同参加的聚会，也不值得买一身新衣服。虽说面料薄了一点，就凑合着穿这套算了。”

美妍这样想着关上了衣柜的门，心中说不清究竟是什么滋味。

她觉得心里有些空荡荡的。这一天，美妍一直在犹豫到底买不买一套新衣服。她在这样的情绪中等待着丈夫敬守下班回家。等敬守下班回到家中，美妍立刻把有关年底聚会的事情告诉了他。

“相宇妈说是正在寻找合适的场所呢。”

“那你今年就该舒服了。”

“有什么可舒服的？”

“以前每次都在咱们家里举办，你为此受了不少苦。”

“不过每家都带来一样食物，我就轻松了许多，何况也省了不少钱。我倒希望今年还是在家里举办……”

“为什么？”

“没什么。在家里方便嘛。还有，每家的男人整天在外面吃饭，如果这次也到外面餐厅吃一顿，也就没什么特别的意义了。大家自己动手做吃的，聚在一起分而食之，岂不是更有利于增进感情？”

“你可能会这么想，可相宇妈妈也许就不这么想了。这么些年来一直都是在咱们家举办，所以人家也许会觉得不大好意思呢。这次孩子们刚好也都不在家，咱们也尽尽兴如何？”

“那好吧。不过场所定在哪里好呢？因为穿着也得跟那天的场所相协调啊。”

“倒也不一定非得那样吧？大家又不是彼此不认识，随意就好。”

要是敬守劝她趁此机会买一套衣服，美妍说不定也就能半推半就地买一套新衣服了……可是丈夫的一句“随便就好”，一下子就让她打消了买一套新衣服穿的念头。

美妍当然也喜欢在外面聚会。因为这样一来，大家都可以安心地坐在那里吃东西，喝酒说话，谁都知道这比在家里更令人轻松愉快。不过美妍之所以这样犹豫不决，完全是为了穿什么衣服的问题。

孩子们正处于成长阶段，在这种情况下，买新衣服这件事会给他们的家庭带来经济负担。事实上，即使真的买了一套好衣服，也没多少可以穿着出去的地方。偶尔有机会外出，她也不必从头到脚认认真真打扮一番。因此，仅仅为了这么一个家庭聚会，就提出买一套新衣服的要求，这也确实有些说不过去。

但是大家的服饰都很体面，唯独自己穿着一身简陋的衣服出场，这种情况对于一个女人来说，也是极其郁闷的。买还是不买？这样翻来覆去犹豫了几天，美妍最终还是决定穿着原来的一身两件套正装参加聚会。她觉得这套衣服冬天穿出去虽然单薄了一点，但应该适合她们聚会的场所。

美妍有很长时间没这样为一次外出费神了。她细心地化了妆，穿上熨得平整的衣服，然后坐到了敬守的车上。

“你不冷吗？怎么没穿上一件大衣？”

“坐着车去，冷也冷不到哪里去。咱们赶紧吧，别晚了。”

“你穿得太单薄了，我担心你会感冒……”

“没关系啊。司机先生，咱们赶紧出发吧。”

敬守好像对她的穿着很不放心，开车前往目的地的路上不时地斜上她两眼。

他们来到约好的地点，发现只有民奎夫妻俩提前到达。

美妍平时不大喜欢民奎的妻子珠熙。因为珠熙是一个比较奢侈的人，而且说话一点也不知道委婉一点，美妍怎么也跟她谈不到一块儿去。果然不出所料，珠熙一见美妍，立刻来了一句：

“天哪，你还这么年轻，天寒地冻的竟然穿着一身春装？你可别感冒了。”

人家穿了冬装或是夏装跟她有什么关系，竟然这样尖刻地指出自己穿了一身春装……美妍心里虽然这么想，但嘴里说出的却完全是另外一番话：

“最近哪里还有什么严格的穿着规定啊？冬天也未必就一定得穿厚重的衣服嘛。大家都坐着车出行，何必把自己裹得严严实实的？”

“也是。看上去很鲜艳也很漂亮。”

民奎插了一句，总算让她们的口水仗告一段落。这时，其他人也都陆续到来了。大家好容易摆脱了孩子们的纠缠，在环境幽雅的餐厅聚在一起吃饭，加上葡萄酒也给他们的聚会平添了几分兴致。于是有人提议，趁着酒兴到练歌房去唱歌。

“咱们到练歌房 K 歌怎么样？”

“K 歌？好啊！”

“那咱们就走吧！”

听大家说要去练歌房唱歌，美妍十分紧张。年轻的时候，她就不怎么喜欢唱歌，而结了婚以后她到练歌房去唱歌的次数也是屈指可数的。何况在美妍不出来活动的这几年时间里，练歌房发生了很大的变化。一行人进入了一家练歌房，美妍立刻被里面豪华的装饰和热情的服务惊呆了。大屏幕画面和色彩斑斓的照明，让人不知所以的操作界面……这一切都让美妍感到无所适从。

可是别的人都很高兴，沉浸在兴奋之中，因此美妍不好破坏他们的情绪一个人走出去。她只好悄悄坐在里面。大家不分你我，都拿着歌单点歌，等轮到自己的曲目，不谦不让站起来就唱。美妍坐在角落里，偶尔鼓鼓掌敲敲手鼓，给大家助兴。但无论怎么努力，她都无法消除自己内心的紧张感。

“美妍也来唱一曲吧。你的歌唱得那么好听，怎么也不来一首？”

“不要了。我坐着听大家唱，跟着哼哼两句就已经很好了。”

“别。还是唱一首吧。”

“没关系。没关系。”

“别客气了，你也来一首吧，我来给你敲手鼓。”

听大家都劝她唱一首，敬守也跟着起哄，于是她只好接过了歌单。不过在把歌单接过来的瞬间，美妍就开始为难了。她怎么也想不起该唱首什么歌，她甚至连自己在结婚前喜欢唱的歌名都想不起来。

“太长时间没出来唱歌了，都没有会唱的歌了。”

美妍悄悄地放下了歌单。

在回家的路上，敬守的脸上已经有些异样了。

“你怎么了？是不是哪里不舒服？”

“没什么……”

“你是不是生气了？”

“嗯……”

“为什么呀？”

“我生我自己的气。”

“有什么事值得你生自己的气啊？”

“咱们自从有了在成以后，就再也没去练歌房唱过歌了，是不是？”

“带着孩子怎么去那种地方啊？”

“结婚以后，我给你买过几套衣服？”

“没头没脑的，你胡说什么呀？”

“没什么。我把你跟朋友们的妻子比较了一下，我觉得你好像抬不起头的样子。”

“我哪里有啊？”

“衣服也没穿身新的，而且在练歌房里我发现你有些手足无措。这些年来我欠你的太多了，真是不好意思啊。”

“呸。好好的，干什么说起这些啊？”

“看你穿这身衣服出来我心里很难过。我想是不是因为我挣钱不多，所以这么长时间你都不敢买一套新衣服？我还想过你根本都不照顾我的面子，故意这样在朋友们面前露怯。不过我也问过自己，你究竟是因为什么才没有给自己买身新衣服。这么一问，我立刻就明白了是我对不起你。我觉得跟你结婚肯定不是为了让你跟着我这么吃苦。”

敬守似乎真的很过意不去，闭上嘴不再说话了。这样一来，美妍反倒觉得有些对不起自己的丈夫了。

“我跟你生活这么长时间，一次都没觉得自己是在受苦。事实上，我这次也想过是不是买一套新衣服，可也确实没多大的必要。为了今天这个场合买一身衣服，既是一种浪费，也是一种空虚的表现。所以我才没买。”

“算了。今年就算已经过去了，我也就不说什么了。来年的聚会，我一定让你穿得最漂亮。尽管不能像别人那样给你买一件貂皮大衣，可我怎么也都要给你买一件漂亮的大衣。”

“孩子们还小，方便一点的、便宜一点的衣服更适合我。等孩子们都长大了，你再给我买一身贵点的也不迟。”

“还有，咱们俩也该偶尔到练歌房去唱唱歌了。”

“好啊好啊！我也跟你学学最近流行的歌曲，同时也欣赏欣赏你的歌声。我好期待啊。”

“……感谢你，美妍。”

“谢我什么呀？”

“谢你跟着我无怨无悔。”

“应该我来感谢你才是。你跟我生活这么多年，从来就没有嘟囔过我什么。”

敬守对俭朴而又始终如一的妻子充满了感激之情。美妍也对丈夫处处替自己着想这份心意感激不尽，她感觉心里暖洋洋的。美妍想，即使拥有了世上最昂贵的貂皮大衣，也不会像她现在这样感到温暖和幸福。

18 跟公婆一起去旅行

把一次家庭旅行作为礼物送给婆婆
这样的儿媳该有一颗多么美丽的心灵

“石友，新婚旅行咱们就别去海外了，去济州岛吧。”

听芷云这么说，她的丈夫石友吃了一惊。

“为什么？你不是说想去澳大利亚吗？”

“澳大利亚等把世然和浩然抚养成人后咱们再去。这次咱们就去济州岛吧。”

“你这一辈子就这么一次新婚旅行，没关系吗？”

“嗯。”

“真的不后悔吧？”

“真的。我绝不后悔。咱们的新婚旅行就去济州岛，不过带上爸爸妈妈一起去怎么样？”

“什么？这算什么新婚旅行啊？这不就变成了家庭旅行吗？”

“反正得带上孩子们一起去。既然如此，还不如把爸爸妈妈也都一起带上呢，我觉得这样更好一些。”

“我不管了。反正随你的便吧。”

石友嘴里这样说着，可心里还是很高兴芷云能设身处地为自己的父母着想。他因为妻子这份孝心而感到心满意足。

芷云和石友还在读大学的时候就未婚先孕了，因此他们匆忙登记结婚，也没来得及举行正式的婚礼就开始了婚姻生活。当时他们还想，等把孩子生下来，就立刻举行婚礼。可是，生下了第一个孩子以后仅隔了一年，他们就又有了第二胎。不仅如此，石友常年卧病在床的曾祖母没过多久也病逝了。因为这样的缘故，他们的结婚仪式一拖再拖，迟迟未能举行。对此，婆婆总是拉着芷云的手安慰她：

"是不是有点失落？不过咱们又有什么办法呢？咱们总不至于刚送走了老祖宗，就马上操办你们的婚事吧？咱们总不至于转过身来去给亲朋好友们送请柬吧，是不是？等来年春天，我们一定给你们操办。我真的是很对不住你。"

"我有什么好失落的啊？妈，我挺好的，您别往心里去。"

在曾祖母去世之前，石友一家五世同堂。石友的妈妈是在二十岁那年嫁到这个家里来的。从此，在长达近三十年的时间里，她一直恭恭敬敬地侍奉她的公婆，成年累月几乎没什么休息日。

"听说曾祖母素以虎奶奶而闻名于社区。"

"是吗？"

"我妈刚嫁到我们家里来的头三年，据说每天要做五顿饭。因为长辈们说，一次做多了，饭菜就不好吃了，所以就让我妈多做两次。"

"妈该有多累呀！要让我这么做，我肯定是做不来的。估计我早就逃之夭夭了……"

"曾祖母得了老年痴呆症是十年以前的事情了，而奶奶是在五年前瘫痪的。两位老人病倒以后，我妈真是吃了不少苦头。"

听了丈夫这番话，芷云不住地点头称是。

"怎么没找个帮忙的人啊？"

“找了。可所有人都觉得这活儿太苦太累，没干几天就都辞掉不干了。”

“原来这样啊。我还以为妈妈为什么要一个人受这份苦呢？”

“要是搁你，你能愿意在有两位老年病人的家庭里帮忙吗？这可不是一个轻松的工作。”

“就是啊。不过奶奶得的是什么病啊？”

“我也不知道。有一天早晨，奶奶吃过了早饭，一个人想站起来。可没等她站稳，她就晃了晃晕倒在地了。我们立刻把奶奶送到了医院，可医院方面说奶奶是中风了。当时全社区的人都说，我妈这回该有事情做了。”

“真的……”

患有老年痴呆症的曾祖母已经卧病在床了，何况奶奶又中了风瘫在了床上，所以石友的妈妈别说是去旅行，就连在床上睡个安心觉也都变成了一种奢求。

事实上，在刚刚听到婆婆的故事之后，芷云曾担心婆婆可能也会这样要求自己尽心尽责侍奉婆家老小。可婆婆非但没有故意刁难自己，反而像娘家妈妈那样侍候起自己来。她不仅买来各种水果给芷云吃，还亲自动手给她做各种有利于母婴的食物；在丈夫石友不打声招呼就很晚回家的时候，还不等芷云出声，婆婆就已经火冒三丈地呵斥起他来了。刚坐完月子不久，芷云很快就发现自己又怀孕了。婆婆原本已经因为家里有两个老人卧病在床而疲惫不堪了，所以芷云就想去娘家住一阵子，以减轻婆婆的负担。

“妈，我真的很对不起。在这种情况下，我又怀上了孩子。”

“别说这些了。怀上了孩子有什么好对不起的？该祝贺才是呢！我祝贺你！”

“多谢您了。”

婆婆伸出她粗糙的手握住芷云的双手，衷心地祝贺她有了第二个孩子。看着这样一位慈祥的婆婆，芷云的心中既焦虑不安，又万分感激。

第二个孩子出生后不久，曾祖母就去世了。又过了三个月，瘫在床上的奶奶也相继辞世。等办完了丧事，过了三个多月以后，婆婆把芷云和石友叫到跟前这样说道：

“我已经把给你们举行结婚仪式的日子定下来了，日子定在下个月最后一天。我担心这事要让你们来办，指不定要拖到什么时候，所以我们就自作主张，替你们定下来啦。还有，你爸说办完了婚礼之后就让你们分出去单过，所以让你们早点去找找合适的房子。你们俩自己去商量吧。”

“分出去单过？”

“是啊。因为以前有曾祖母和奶奶在世，我也不敢让你们分出去单过，不过现在再也没必要这样了。住在这里，不利于孩子们的教育，而且石友上班的公司离这里也太远了。所以还是在石友的公司附近找一所房子吧。”

“可是妈您和爸怎么办啊？”

“我现在也想清静几天了。送走了两位老人，我也想清净清净了。我的青春虽说早已消失，可哪怕是现在，我也想跟你们的爸爸两个人亲亲热热地过些日子。”

在跟丈夫一起生活了三年以后，她们终于将举行正式的婚礼，而且还要去做一次新婚旅行。兴奋之余，芷云很想送一份礼物给婆婆，也好表达自己对她这么多年来为了家人付出一切的敬意。就在她琢磨这件事情的时候，芷云突然得知婆婆从来都没有离开过首尔这一事实。也就是说，婆婆一直是在埋头侍奉这一家老小，根本没精力像模像样地旅行一次。她认为为了这样的婆婆，她理应节省费用，带上公婆和孩子一起坐飞机去济州岛旅行一次。婆婆听了芷云的话连连摆手，表示坚决反对。

“你们自己去吧。我们两个老人陪着你们一起去，那还叫什么新婚旅行了？谁看了都不会觉得有什么好看的。”

“哪有的事啊。妈您二老就跟我们一起去吧。”

“你们有这份孝心我们也就知足了。还是你们自己去吧。”

婆婆断然拒绝了。可是芷云和石友接连几天都继续劝说两位老人。他们强调，新婚旅行结束以后，还要给石友的爸爸过花甲，所以只能节省开支去济州岛旅行。最后，两位老人终于同意跟他们一起去了。

他们全家人动身去旅行的那天，婆婆登上飞机，高兴得像一个少女一样。

“多谢你们。我们家娶了这么好一个儿媳妇儿，所以我今天才能这么摆阔。”

“妈，这么长时间以来，您真是辛苦了。从现在开始，您就跟爸两个人相亲相爱，白头偕老吧。”

“好好好。你们也要和睦相处，相敬如宾。”

“是，妈。我们就算分出去单过，也会常常回来看望您二老的。”

“咱们又不是分开那么远，你也别太难过了。我们就盼着你们带着孩子过上幸福安稳的日子。我是因为侍奉着老人过了大半辈子，所以有了高兴的事也不能挂在脸上，不高兴的事情就更是连提都不敢提。不过现在的年轻人过日子，好坏都要说个清清楚楚明明白白。这不一定都是好事。要是没有事先过滤一次，就把该说的和不该说的一股脑儿都说出来，这样也许很容易伤到对方，而且两个人吵架的次数也会增多。”

“是。我们一定牢记您的话。”

芷云紧紧抓住了婆婆的手，仿佛在向她保证自己将认认真真地开始新的人生。芷云突然感到有一束目光在盯着自己，于是急忙转过头去。她发现石友正带着幸福的笑容看着她们。石友的目光向芷云的心中传递着温暖和爱情。她觉得正有一股暖流注入自己的心田。

19 丈夫的眼泪

男儿有泪不轻弹，男儿当顶天立地
即使肩负着人生的重担，男人也应坚忍
你是否见过男人藏而不露的眼泪

我在睡梦中突然听到一个声音。我仔细倾听了一阵，发现这是来自远处的某个人的哭泣声。这个发自远处的声音正逐渐向我接近，很快我就感到这个人已经来到了我的身旁。我被这个声音惊醒，可我不知道究竟发生了什么事情。我在梦中听到的声音正是我丈夫的抽泣声。我透过从窗口照射进来的月光，看到他低着头两肩抽动着，显得十分悲伤。看到这一幕，我大吃了一惊。但也许是因为我刚刚醒来，我搞不清到底发生了什么事情，于是暂时躺在床上没有做声。我一个人悄悄想了想，也许他是遇到了什么事情，否则他为什么会在大半夜从床上坐起来，一个人哭个没完没了？

我静静看了一阵儿，然后坐起来晃了晃丈夫的肩膀。那天晚上，丈夫说他要去跟中学同学们聚一聚，可能要回来晚一些，让我自己早点休息。丈夫说完这些话走出家门的时候，我并没有发现他的情绪有什么异常。就是这么一个大男人，回到了家里却一个人哭起来，而且还不是放声大哭。我为此感到焦急。

“亲爱的，你这是怎么了？”

“嗯？亲爱的……”

“你刚才出去的时候还兴高采烈的，说是要去跟一帮久未见面的同学们聚一聚。难道是发生了什么不愉快的事情？”

“不是。什么事情都没有。你去睡吧。”

“既然什么事情都没有，那你为什么要哭呢？你不妨跟我说说，到底是什么事情？你有什么话不能跟我说呀？快跟我说说。”

“我就是……就是觉得我过得太不像样了。”

“不像样？咱们有什么不像样的啊？”

丈夫控制了一下自己的情绪，慢慢说了起来。

“刚才去参加同学们的聚会，可只有我一个人没什么职业。因为好长时间都没见，所以这次同学们还把老师也给请过来了。大家站在老师面前，这个说‘我是当警察的某某某’，那个说‘我是开美容院的谁谁谁’，还有的人说‘老师我是谁谁谁，刚刚晋升为科长’”等等。大家都能冠冕堂皇地作自我介绍，唯独我站在老师面前张口结舌，面红耳赤。我实在说不出我正准备就业。”

“正在准备就业有什么见不得人的，害得你这样？”

“都什么年纪了，还在等着就业？我怕有人这么跟我说，所以一个人埋头喝酒。亲爱的，你说我为什么就这么无能？”

“你怎么会是无能的呢？我可不信。亲爱的，快别哭了。”

“那些同学学习都没有我好，可不知道为什么现在混得都比我强。这次参加聚会，只有我一个人没开自己家的车去。”

“没有私家车怎么了？每个人的生活都应该跟自己的具体情况一致嘛。”

“是啊。我以前也一直以为这没什么。可今天，我真是羡慕死了。另外，我同时也感到自己真的是太无能了。”

那时，我真切地体会到所谓撕心裂肺的疼痛也不过如此而已。我真的感到了撕心裂肺般的剧痛。紧接着，我的眼泪也跟着夺眶而出。

我决定嫁给我丈夫以后，就跟着他去拜见未来的婆婆。婆婆小心地问我们，是不是等到他毕了业再结婚？但当时我们俩都想尽早结婚成家，因此根本听不进婆婆的劝告。我们很快就结了婚成立了家庭。当时我还在一家小公司上班，因此我想，在丈夫上学期间做他的后盾不会有太大的困难。可是，世上的事情哪有那么简单。

不久我就怀孕了，于是只好向公司提出休产假的申请。但我所在的公司规模不大，也算不上很正规，因此公司方面要求我直接辞职。我很了解公司的情况，因此也只能接受公司的决定。预产期越来越近，我被迫辞职了。于是正在准备报考公务员的丈夫只能转而去操持家里的生计。他没有什么特别的技术，也没有什么本钱可以做些小本生意，所以只好先当了一名小公共汽车司机。我们山区之间的道路曲折而又狭窄，在这样的道路上驾驶小公共汽车充满了危险。我们小区里有很多孩子，说不定什么时候他们就会突然从哪一条胡同口窜出来。

由于这样的原因，丈夫的神经整天都绷得紧紧的，自然因此承受了不少心理压力。所以，从他干上这一行开始，没过多久就瘦下来了。我真的很想一整天陪着他坐着小公共汽车穿行在山区的小道上。但我怎么可能带着一个孩子，整天陪丈夫去坐公共汽车呢。因此，丈夫上了班，我待在家里也是度日如年。

要是碰上冬天下雪天气，我就会更加忐忑不安。我会好几次走出家门，在公路旁踱来踱去，希望早一点确认丈夫驾驶的公共汽车还在安全行驶。尽管我对他的安全深感担忧，却因为家里的处境不尽如人意，竟一次都没敢理直气壮地让他辞掉这份工作。

丈夫每天要在高度紧张中驾驶十二个小时的公共汽车，因此下班回到家里，还不等晚饭摆上餐桌，他经常就已经睡着了。而且他经常被噩梦折磨得死去活来。他总是梦见自己开着车突然从道路上滑下山坡，或者在拐弯的时候突然有孩子从胡同里跑出来……自从他干上这份工作以后，他连觉都睡不好了。但他无法丢掉这份工作。

有一天，丈夫的同事给我打了一个电话。他在电话中告诉我，我的丈夫晕倒了，已经被送到了医院的急救室。我大惊失色，把孩子交给邻居家代为照看一下，立刻向医院赶去。当我看到丈夫躺在医院的简易病床上，脸上布满了倦容，我的眼泪立刻滚落下来。我抓住丈夫，悲痛地哭起来。丈夫从昏睡中醒来，用他有力的大手轻轻抚摸着我的头发。

“人家还以为我是死掉了呢。别哭了。没什么大不了的。”

虽然丈夫这样轻描淡写地安慰我，可我仍然无法止住我的哭泣。

“没什么大不了的那怎么晕倒了，还被人家给送到了急救室里？”

“说是神经性胃溃疡。好像是胃突然痉挛了。现在已经没事了。别再哭了，嗯？”

“立刻辞掉这份工作，然后咱们再去找别的工作。啊？肯定有比这轻松的工作。世上哪里还会有比这山区小公共汽车司机更累人的工作？你的驾驶技术也并不熟练……咱们还是赶紧去找别的工作吧。”

丈夫很快从急救室转到了普通病房。过了一周以后，丈夫出院了。其间，我本想把孩子送到乡下的娘家那里去，但又怕我妈会为我们担心，因此我也就只好作罢了。所以，丈夫是在没有人照顾的情况下，在医院度过一周时间的。

“我已经递交了辞呈……”

“嗯。”

我们一直生活在穷困之中，因此当丈夫果真辞掉了这份让他身心俱疲的工作时，我竟然没能痛快地说一声“辞得好”。事实上，那一天，我感到我们前途渺茫，根本无法入睡。如果丈夫老是找不到工作，我们又该怎么办呢？第二天，我早早起了床，然后到网上去浏览招聘信息。这还嫌不够，我又给一些熟人打了电话。我也给一些很久断了联系的人打了电话，让他们帮我留意是不是有适合我丈夫的工作。我跟这些人太长时间没有联系，今天突然因为这样的原因通电话，对方的语气似乎有些冷冰冰的，我感到有些尴尬，只好先聊些不着边际的话题。等对方明白了我打电话的用意，我这才拜托他们替我丈夫找找工作。我打这样的电话，就像是一个落水之人抓到了一根救命稻草。但现在回过头来一想，我这样的行动，该给丈夫带来多大的心理负担！丈夫看着我不停地四处打电话，终于开口说道：

“我辞掉公交车公司这份工作，不是为了去找一份别的工作。我是想再最后考一次公务员。”

“再考一次公务员？”

“嗯。”

“可咱们现在没有任何积蓄……”

“亲爱的，无论有多困难，咱们都要挺过这道难关。我一定好好努力，争取这次马到成功，考上公务员。”

丈夫既然这么充满信心，我也就不能再说别的了。

但对于我的丈夫来说，比马上找份工作更为重要的是立刻调理身体。他这次因神经性胃溃疡住了一个星期院，若是再晚一点，说不定就会恶化成胃穿孔，这样一来就有可能引发腹膜炎等疾病。医生还强调，在眼下情绪一定要保持绝对的稳定。可是，我从丈夫出院第二天开始，就四处忙着给他找工作，这无异于一个满嘴脏话的泼妇。

丈夫辞职后过了一个月，快到第二个月结束的时候，我们家的生活费用完了。晚上躺在床上睡不着觉，我也曾抱怨过早已辞世的公公，也曾怨恨我的父亲只顾着替自己的儿子着想，而根本不管我这个女儿的死活。

就在这时，我听到了丈夫的哭泣。丈夫的眼泪让我思考了很多问题。到了现在我才明白，丈夫的肩膀为什么会垂得这么厉害。无论如何，我总不至于比我的丈夫更难过！

近两个月来，丈夫在家里肯定都没有睡好。他肯定很不耐烦，但又不好对我的焦虑说什么。我为什么就没能成为一个宽厚的妻子，而一个劲儿地让丈夫感到压抑呢？不是说人生是一场漫长的马拉松赛吗？可我为什么像一只蜉蝣，仅仅为了过好眼前这一天而奔忙？

我实在无颜面对背过身去弓着腰睡去的丈夫。我明天早晨一定要给丈夫煮一碗解愁汤，让他喝下去化掉淤积在心中的忧愁。然后不顾廉耻，去娘家住上一些日子。在那里，我至少能让丈夫稍微安心地复习功课，准备参加公务员招聘考试。人生有这么长一段路要走，后退一步也未必就能让你落下很多。既然已经比别人晚了一步，再晚一点也不会有什么大问题。

这样一想，我的心情轻松了许多。这段时间以来，由于我的焦虑和急功近利，我和丈夫两个人同时背负了沉重的思想包袱。但现在，我在看到了丈夫的眼泪以后，我终于清空了我自己，我为此感到前所未有的释然。

20 从心灵到心灵

像流水一样自然地相互交流
在丈夫和妻子之间有一条信任的泛水在流动
正如条条江河归入大海，信任的泛水也将汇入爱的海洋今年，贤贞和在昊结婚快三年了，但在别人看来，两个人始终像是一对新婚夫妻。很多人认为，两个人结了婚到了这个阶段，就开始慢慢厌倦起来，但对他们两个人来说，厌倦完全是属于别人的事情。那么，贤贞和在昊两人结婚以后，究竟为什么能始终像一对新婚夫妇那样相处呢？关于这个问题，贤贞回答说是因为他们之间能够进行“坦诚的对话”。她说，这是她和在昊相遇以后，一直到今天始终在坚持的原则。

无论在什么情况之下，都不需要遮遮掩掩，而开诚布公的交谈，这便是让信任流经两个人心田的力量。在遇到为难的情况时，很多人可能会撒个谎一笔带过。但贤贞和在昊早就约定，他们将共同选择坦诚相待。

刚开始的时候，两个人在遵守这个“坦诚相待”原则的过程中也曾遇到过不少困难。尤其是在面对夫妻之间的性生活的时候。无论是贤贞还是在昊，都觉得这样“坦诚相待”的结果，有可能导致两个人在对方面前变得“体无完肤”。但是，夫妻之间是不可能回避性关系的，因此，如果无法在这个问题上做到坦诚相待，那么在别的问题上可能也会如此。出于这个考虑，贤贞尽量把自己内心的想法毫无保留地告诉在昊。贤贞把在昊拥抱自己时感受到的温暖，和他的皮肤给她带来的幸福感如实告诉在昊。在昊得知贤贞的感受显得非常开心，因此在向贤贞提出“性要求”的时候变得更加积极主动了。

两个人约定，在因承受了巨大的工作压力而无心过性生活的时候，每次在屋子里碰面都要彼此拥抱一下。他们像两个过家家的孩子那样格格笑起来。两个人在一次次分享这种小小的“肌肤之亲”的过程中，不知不觉间就把在工作上承受的压力消化掉了。

这一对夫妻看上去似乎一辈子都不会吵起架来。但是有一天，他们夫妻俩遇到了第一个情感危机。贤贞在没有任何准备的情况下怀孕了。

贤贞和在昊两人很年轻的时候就结了婚，因此打算等生活有了一定的基础再要孩子，所以他们平时过性生活的时候都很谨慎。即便如此，贤贞还是怀上了孩子。贤贞目前的情况是：一旦怀孕，就必须辞职。贤贞在自己从事的工作中体会着无穷的乐趣，但由于意外怀孕，她既为此感到欣喜，同时也因自己没做好准备而感到慌乱。由于这个原因，她的神经只能变得更加紧张。本来是一件完全可以通过两个人协商解决的事情，但贤贞会为此经常发脾气，显得很不耐烦。最初在昊还能接受，但没过多久，在昊也感到厌倦了，于是也开始对贤贞发起火来。

“你到底是怎么回事？好好的一个人，怎么突然变成了这个样子？动不动就拿一个无足轻重的小事跟我发脾气，我怎么能都一一承受？也不是一天两天的，你难道是想在生孩子之前一直这么对待我吗？这么下去，我还怎么在家里安心休息？”

见在昊突然发火，贤贞不知所措，放声哭了起来。贤贞开始把自己的感受一五一十地道了出来。

“我也不知道是怎么回事。一看到你我就平白无故地想发火。我觉得我怀孕的事，和即将失去工作的事，都是你一手造成的。我恨你。我偶尔甚至还希望发生什么意外事故，让孩子……”

听到贤贞坦诚的表白，在昊将她紧紧搂在怀里，然后轻轻拍打着她的后背说道：

“没关系，没关系。事情也不像你想象的那么糟糕。你现在还年轻，而且工作能力也很强。所以等生下了孩子以后，你完全可以再去找一份工作。你的实力我是知道的，公司就因为你怀了孕而辞退你，这等于是你们那个公司在把找上门来的幸运推出去。你想想看，我遇到你之后，所有的事情不都变得一帆风顺了吗？所以你是我的幸运之神。当然，孩子也是我的幸运之神了。”

听了在昊这一番温柔体贴的话，一直以来憋在她心中的怒火竟然神奇地消失了。

贤贞如期生下了孩子。到了该把孩子送到托儿所的时候，贤贞开始四处走动，想为自己重新找份工作。有一天，贤贞出乎意料地接到自己投递了简历的一家公司打来的电话，公司方面询问她什么时候可以开始正式工作。贤贞心里很高兴，但她又为此烦恼不已。因为孩子小小年纪，就患上了异位性皮炎。

婆婆倒是表现出希望贤贞去参加工作的意思。她声称孩子送到托儿所就会有专人照顾，贤贞只需要中午时间过来瞧一眼即可，所以年轻时该挣还得去挣。婆婆的出发点很现实。当然了，贤贞最初也有这样的打算。

但是，孩子整夜整夜因皮肤瘙痒而不能入睡，贤贞也只能另做打算了。她很想拿出更多的时间去了解有关异位性皮炎的问题，给孩子多准备一些有效的药物和洗剂，为孩子倾注更多的心血。但另一方面，她也想投入到工作第一线，像以前那样打拼，闯出自己的一片新天地。这两种想法每天都在她脑海里发生冲突。在昊也不知是否了解贤贞的这种矛盾心理，一直都沉默无语。

在贤贞必须做出决定的最后一天晚上，贤贞准备了不同于以往的晚餐。餐桌上点燃了一支蜡烛，发出柔和的光芒，主打菜是在昊最喜欢吃的清炖鸡肉。在昊看到餐桌上甚至还摆好了葡萄酒和葡萄酒杯，有些惊讶地问道：

"今天是什么日子啊？难道是谁的生日？"

"嗯。"

"啊，真的？我的生日还远着呢……也不是你的生日。到底是什么日子啊，你快说。"

"今天是裕民妈妈的生日。"

"裕民妈妈？那不就是你吗？"

"你先坐下来。我今天全都告诉你。"

贤贞把葡萄酒倒进酒杯里，然后打开了话匣子。

"我决定不参加工作了。"

"怎么？你不是说，很想重新工作吗？"

"嗯。说是说过了……不过我现在决定不参加工作了。当然了，我也没有完全放弃。等裕民的异位性皮炎好转了，到那时我再去找工作。不过现在，我认为裕民妈妈的身份和你妻子的身份，比一个职场女性金贤贞的身份更为重要。"

在昊抓住贤贞的手轻轻抚摸着，埋怨道：

"你肯定烦恼了很长时间。怎么都没跟我商量一下，就这样决定了？”

“在我说话之前，你不也没问过我怎么打算的吗？”

“其实，我也知道你的矛盾心理。可是不管你是否重新开始工作，我这里都是无所谓的。我只是希望你能独自做出你自己的选择，所以我也就没跟你说起这件事。我担心我的意见会动摇你的立场，因为我知道我妈说的话曾让你左右为难。这段时间以来，让你一个人为这件事烦恼，抱歉了。”

贤贞为在昊的宽厚而由衷地高兴，但却故意装作生气的样子这样说道：

“那你的意思是说，不管我怎么做，都不关你的事啦？你这是不是太不关心我了？”

“这不是不关心你。你参不参加工作，真的都没关系。无论你出去工作，还是在家里照顾孩子，不都是从孩子的角度出发做出的决定吗？所以不管怎么样，我都没关系，我都会感谢你的。”

“呸，说得比唱得都好听！”

“哈哈！不管怎么说，今天是裕民妈妈诞生的日子，是不是？祝贺你，裕民他妈！”

两个人很久没有这样深入交谈了。如果以后也能像今天这样，彼此敞开自己的心扉，坦诚地说出心中的话，那么两个人之间也就没什么架好吵了。不仅如此，夫妻之间也会越来越信赖和爱惜对方。这一夜，贤贞夫妻俩在微微的酒意中憧憬着他们美好的未来。

21 既是一个儿媳，也是一个妻子

有的人从不懂得牺牲的喜悦

我才不干呢、肯定很累人、那不就吃亏了……

如果把别人的话作为自己的标准，那么人生将充满苦难

还是去观照自己的内心，和那些守护着你的人们吧

妻子对于我家中有一个独身多年的老父亲，和一个残障的哥哥一点都不介意，她毫不犹豫地决定跟我结婚。周围有很多人对此表示反对，但她的决心不为所动。有的人说，“现在老爷子的身体还算健康，也没必要对哥哥负什么责任，所以还不知道将来会有什么难处。”而有的人则说，“要是老爷子马上瘫在了床上，到那时，老爷子和哥哥都将成为新媳妇的负担。”对于这些说法，我无法予以有力的反驳。因为现实摆在面前，新媳妇肯定要受苦受累，这是显而易见的事情。

可是，在一片反对声中帮我坚定信心的，反倒是我的妻子。妻子不顾亲朋好友们的一致反对，怀着与我分担悲伤与痛苦的决心，毅然决然地与我结婚了。

直到结婚之前，我都是在公司里过着寄宿生活，而父亲和哥哥则住在离公司不远的小区里。我之所以决定要过寄宿生活，一来是因为公司的业务繁忙，我也帮不上家里什么忙，同时也是因为考虑到如果再加上我，父亲的家庭负担就更重了。因此，我只是在每个周末回到家里去看望父亲和哥哥。这件事在和妻子谈恋爱的时候也从没发生过改变。

在带着妻子回家的前一天晚上，我的心中充满了担忧，所以我一夜都没睡好。我从来没有因为有这样一位父亲和哥哥而感到自惭形秽，也从来没想过他们会成为我的负担。但我慢慢意识到在别人看来，也许事情并非如此。同时我也开始担心，妻子说不定也会跟别人一样，把父亲和哥哥当成一种负担，从而中断和我的交往。我为此痛苦不已。我既不想放弃妻子，同时也不想让她感到为难。我陷入深深的矛盾之中。

那天，我提前一些时间和妻子碰了面。我想跟她一起去给父亲和哥哥买件礼物。

“爸爸喜欢什么呢？”

“就是啊……”

“你都快三十岁了，还不知道爸爸喜欢什么？真是个没心没肺的儿子，哼。如果有人问爸爸他的儿子喜欢什么，我估计他立刻就能回答上来。”

“爸爸平时不怎么爱说话，所以我也就不知道他喜欢什么，不喜欢什么。”

“那，哥哥呢？”

“哥哥喜欢运动鞋。”

“运动鞋？”

“嗯。哥哥喜欢跑步。买一双新的运动鞋也穿不了多久。他整天在小区里跑步，新鞋很快就会穿破，不得不扔掉。咱们就给哥哥买双运动鞋吧。”

“好吧。可是哥哥穿多大号码的？”

“就是……”

“你这个家伙！你对家里人什么都不了解，这样怎么给他们买礼物？”

“是不是打个电话问一下？”

“你说什么？”

“问问爸爸是不是有什么特别喜欢的，再问问哥哥穿多大尺寸的鞋。”

“你们这些男人可真是……”

折腾了好一阵儿，我们终于选定了礼物。我们给父亲买了一件夹克衫，给哥哥买了一双最近比较流行的运动鞋。不过越是接近家里，我的心就跳得越厉害了。妻子完全不知道我心里在想些什么，欢快地走在路上。看着她的身影，我暗自决心：如果她看到哥哥的样子吓得夺门而逃，那么我们之间就此了断。如果事情与此相反，那么我将鼓足勇气，正式向她求婚。

推开大门进入房间，屋子里乱得一塌糊涂。餐桌上摆着报纸和各种药瓶、书本之类的东西，水池里堆满了待洗的餐具。客厅和卧室的地面上沾满了哥哥带回来的泥土，踩上去甚至都能听到沙沙的响声。

“我一个人先回来收拾收拾就好了。”

可我这样后悔已经来不及了。我们俩突然出现，让父亲吃了一惊。他抱怨我怎么不事先打个电话，也好收拾一下房间。屋子里乱成这个样子，他感到非常尴尬。我原以为妻子会吓得转身就跑。可没想到她把长发简单地扎了一下，然后挽起袖子，开始收拾起屋子来。

“哎呀，怎么好意思让客人干活啊？哪里有这样的事情？”

父亲赶紧劝阻。可她用爽朗的声音这样回答：

“我回头再做您的客人。现在还是让我先做您的儿媳妇吧，爸。”

父亲听到儿媳妇这个字眼儿似乎很激动。

父亲一直觉得因为他和哥哥的缘故，我都这么大年纪了还没能结婚，他为此深感不安，因此偶尔多喝了一杯，就会这样对我说：

“要是遇到一个好姑娘，你背着我们结婚也行，我没有意见。哪怕是你一个人幸福，我们也都为你高兴。”

每当父亲提起这件事，我总会这样回答：

“不喜欢您和哥哥的人，即使是仙女下凡我也不要。我只要那种能跟您和哥哥一起生活的人。爸爸您放心，我回头一定带回一个这样的姑娘。”

我看着她在屋子里忙进忙出的背影，仿佛实现了我跟父亲许下的诺言，心里美滋滋的。

我后来才知道，妻子的家里原来也有一个因交通事故而造成残疾的姐姐。在没有别人帮助的情况下，她的姐姐别说是生活，就连维持生命也都十分困难。这个姐姐出事后没过几年，离开了人世。也许是由于这个原因，妻子在第一次面对哥哥的时候，也没显得有多么吃惊。我对妻子能理解并分担我的痛苦充满感激，我也对此感到无比自豪。我觉得，能遇到这样的女人，是我一生莫大的幸福。

定下了结婚的日子以后，我开始寻找我们的婚房。妻子主张，尽管价格贵了一点，但还是要找一个大点的房子，也好在结婚以后把父亲和哥哥接过来一起生活。父亲虽然很高兴，但觉得自己现在还健康，不想这么早就变成我们的负担，因此坚决反对她的意见。

“不。我还是喜欢住在这里。你有这份孝心，我也就感激不尽了。真的非常感谢你们。”

父亲这样说着，紧紧抓住她的手。我那时看到父亲的手在颤抖不已。后来，妻子只好这样说道：

“那我们会经常回来看望你们的。”

结婚以后，我们经常回去看望父亲和哥哥。每周的星期天，我们无一例外地回到家里，帮着做做家务，打扫打扫卫生。我们这周也跟往常一样回到了父亲的家里。妻子向父亲行过礼之后，立刻挽起袖子，开始打扫一星期以来积攒下来的灰尘。在我们收拾屋子的时候，父亲走出房间，在院子里暖暖地晒一会儿太阳。

从对面的屋子里传来妻子的咳嗽声。妻子正在拍打哥哥的被褥。哥哥本来就喜欢在外面疯跑，每次回到家里时总会带回一身尘土，所以尽管每周都要洗一次，但他的被褥很快就会布满灰尘。现在正值初春，哥哥肯定是受到和煦的春风的感染，又到外面跑步去了。

妻子把哥哥的被褥放进洗衣机里按下了漂洗按钮。这样清洗过后，虽说也维持不了多长时间，但哥哥至少能在松软的被褥里美美地睡几天好觉。等打扫完室内卫生，洗掉堆积在水池里的餐具之后，妻子还要给父亲理发。妻子第一次给父亲理发的时候，父亲显得尤为尴尬。他说是很长时间没有洗头，因此还匆忙去澡堂洗了个澡回来。即便如此，父亲似乎还很乐意让儿媳给自己理发。从此以后，每个月到了该理发的日子，父亲一大早就会主动去澡堂洗完澡回来，然后等着我们的到来。

妻子让父亲坐到凳子上，然后取出带来的小木梳和剪刀。父亲很心疼到理发店花钱理发，因此妻子责无旁贷、自告奋勇地把这活儿揽了下来。最初她很紧张，不敢正视父亲，因此怎么也剪不好父亲的前额部分。但如今她已经能像一个理发师那样娴熟地为父亲理发了。在明媚的阳光下，父亲刚刚理过发，显得精神抖擞。

“你辛苦了。”

“爸，理发费可还是要交的。”

"呵呵……好好好……给你。"

父亲这样说着，从衣袋里掏出几张皱皱巴巴的一千韩元面值的纸币递给她。

"给，这是五千韩元。到外面剪个头要花三千韩元，不过我很满意你的手艺，多给你加两千韩元。"

父亲呵呵笑着，把钱递到他的儿媳妇手里。妻子当着父亲的面接过这些钱，像孩子一样高兴得合不拢嘴，但回头就会把它们存进父亲的养老金存折里去。这样存了六年之后，尽管算不上很多，但父亲的养老金存折里终于开始有了一点积蓄。父亲看着存折里的数字，一脸的灿烂。这天，父亲又拿出他的养老金存折，央求我们确认一下里面的金额。

"孩子，你帮我确认一下，看看这个月的养老金是不是已经到账了。"

"好的，爸爸。"

妻子这样说着，赶紧到网上去查看。

"已经到账了，爸。"

父亲每个月通过他的儿媳妇确认养老金存折里的金额，他把这件事当成了一个特殊的仪式，并乐此不疲。他有时会反复要求我的妻子帮他确认这件事，而她也不厌其烦地一一照办无误。也许，儿媳妇这样顺从于他这件事本身，可能比他看到养老金如期到账更让他感到高兴吧。

到了晚上，父亲和我的妻子都会面露缠绵。父亲不舍得跟比儿子还善良的儿媳妇分手，要求我们再坐一会儿。于是，我们只好拿下周还要准时过来之类的话来安慰他老人家。

回到自己的家里，我们开始准备休息。我洗漱完毕，躺到床上准备睡觉，可妻子却冲完了淋浴，不顾一天的疲劳，坐到了化妆台前。

“马上要睡了，你还忙什么呀？”

“想变得更漂亮一点啊。”

“漂亮一点给谁看啊？”

“我能给谁看啊？谁问就给谁看呗。”

她终于从一个儿媳妇的角色回到了妻子的角色上来了。我跳下床，从后面紧紧抱住了妻子。

“我肯定是在前世做过什么了不起的善事。”

“怎么？”

“要不怎么能遇到你这么优秀的妻子呢？”

“呸……”

妻子嘴里这样说着，脸上却展开幸福的笑容。在我看来，她现在这个样子比世上任何一个女人都更漂亮。我一边给她做按摩，一边问她这一天是不是太累了。我觉得她为我牺牲了太多，并因此而感到于心不忍。可是妻子告诉我说，她以这样的疲劳结束一天，正是她努力想让父亲、哥哥和我幸福的证据，所以越累越值得。她接着说，越是这样，她自己也越感到幸福……

我同样因为有了这样一个妻子而感到自己是世上最幸福的男人。

22 再次的誓言

尽管迟了一点，但我们此刻的誓言也更加与众不同
我们的誓言中交织着昨天的欢乐和对未来的憧憬
为了幸福的明天，我们再次发誓……

坐在市场胡同里一间狭小的凉拌菜店铺里，成希的嘴角上今天依然挂着一抹微笑。这一点恐怕连她自己都意识不到。原因在于挂在结算台座椅后面墙壁上的一个相框。相框里是成希的女儿穿着一身洁白的婚纱，跟她敦厚的丈夫合拍的结婚照。两个人脸上幸福的微笑始终在感染着成希。几年来天天见面的几位做其他生意的老大婶儿每次见到她，都会这样说上一句：

“知英妈，看把你美的。”

“有什么好美的。还不到五十岁，就该有人叫奶奶了。”

“哎哟！这年头，早抱孙子早得福。”

成希在干活的时候，时不时抽空看一眼女儿的结婚照，心里满是欢喜。一起做生意的丈夫哲雨看她这样，甚至都会这样奚落她：“瞧你，有那么高兴吗？”

大女儿知英的婚事，曾是成希人生的最大课题之一。虽然别人家的父母遇到这种事情，情况也好不到哪里去，但成希在心中一直都觉得欠了女儿一笔债。

过去，她是在怀孕以后匆忙结婚成家的。那时，成希和哲雨两个人都太年轻了，无论是从物质上还是从心理上，都没有做好成家立业的准备。成希的肚子已经鼓得高高的，因此两个人决定先把孩子生下来，然后找机会再举行正式的结婚仪式，因此他们俩匆匆找了一间房屋，开始了婚姻生活。当时，他们的家里可以说是一贫如洗，再加上两个人血气方刚，吵架的事情自然在所难免。那时，他们还没有现在这个店面，两个人仅靠哲雨到建筑工地打工挣来的钱维持生计。他们挣一天花一天，生活十分拮据。没过多久，哲雨喝醉了酒回到家里，竟然动手打起成希来了。

成希实在无法继续面对这样的现实，终于丢下年幼的女儿和可恶的丈夫，一个人离家出走了。

她先是想找个餐厅打打工，但后来碰巧在一个提供宿舍的工厂里找到了一份工作。她在这家工厂里一干就是一年。在风和日丽的一个周末，她跟同事们各自带着食物到郊外野游。她们围坐在草地上，开始分享各自的美食。可那天，刚巧有一家幼儿园的孩子们也在老师和家长陪伴下出来郊游。身穿黄色服装的孩子们像小鸡雏那样在草地上走来走去，成希看到这些小孩子们是那么天真无邪。她再也吃不下去了。她想起了自己的女儿知英。

“哦，那个孩子为什么一个人坐在那里呢？”

成希看到有一个孩子一个人傻傻地坐在大树下面。别的孩子要么跟自己的妈妈一起吃东西，要么围在老师身边一起分享妈妈给做的糕点，唯独那个小孩子一个人坐在树下，没有任何东西吃。成希认真观察了一阵儿，她发现这个孩子虽然也穿着同样的黄色服装，但看上去显得乱糟糟的，衣服上还沾满了鼻涕和口水，脏兮兮的，根本不像是一个出来郊游的的孩子。她正准备走近一步看个究竟，幼儿园老师恰在这时走过来，拉着这个孩子的手，将其带回了孩子们的队伍中。孩子哭了起来。于是老师赶紧蹲下来哄道："别哭别哭。你妈妈肯定是太忙了，没来得及给你准备好吃的东西。你就跟老师一起吃好了。嗯？"孩子听老师这么说，依然带着哭腔说道：

"我没有妈妈。妈妈跟爸爸吵架，回姥姥家了……"

闻听此言，成希的心里咯噔一下。她的脸上有两行热泪滚滚而下。

"咳……我们家知英也会像这个孩子一样孤苦伶仃……我怎么忍心……"

成希立刻辞掉了工厂里的工作回到了家里。她虽然对经常施暴的丈夫哲雨充满恐惧，但她决心即使被丈夫打死，这辈子再也不跟女儿分开。

成希还以为，她走之后婆家肯定会对丈夫有所照顾，于是径直找回他们以前居住的地方。可是出来开门的房主说，她走了以后，他们父女俩的生活变得更加困难了，于是只好退掉了这间房，在市场里开了一间小店铺，并在那里吃住。成希听了心中很不是滋味，直接向市场走去。她在市场的一个角落里看到了丈夫哲雨正背着女儿，慢腾腾地整理各种杂货和一些零食。看样子哲雨在这段时间里吃了不少苦头，脸上已经开始现出深深的皱纹。成希瘫坐在哲雨面前，悲伤地痛哭起来。

"怎么……你……"

"亲爱的！都是我不好！都是我的错！"

哲雨紧紧抱住了泣不成声的成希。哲雨自己也已经泪水涟涟了。

"知英妈，谢谢你。你能回来，我真的非常感谢！"

从这一天开始，两个人破镜重圆，重新开始拧成一股绳，努力经营店铺。很快他们的店面就扩大了，而且又有了一个孩子知愚。而知英也遇到一个好男人结婚成家，这是他们言归于好后的第一个成果。成希只是希望女儿能原谅自己，并过上属于他们小两口的幸福日子。

有一天，听说女儿夫妻俩要过来商量件事，成希还以为是女儿怀上了孩子，因此她既兴奋又有些忐忑地在店里等着他们的到来。

“你在说什么话呢？我不要！”

女儿和女婿突然说起她以前想都没想过的事情，这让成希感到实在唐突，于是干脆回绝了。

“妈……”

“岳母大人，您也得考虑考虑我们的心情吧？”

“哎呀，不行。这件事以后提都别再提了。”

“妈，这也不是什么坏事啊。您何必……”

见成希决然反对，知英黯然神伤。

“你们也不想想，我孩子都快要当妈妈了，到现在还要举行什么……姑爷，有你这句话我就已经知足了。所以呢，你们还是省省，两个人好好过你们自己的日子吧。”

结婚后过了几个月，女儿夫妻俩找上门来，跟成希商量如何给她和哲雨补办一次婚礼。姑爷已经得知成希至今还没能举办婚礼一事，对此成希异常尴尬，急得不知所以。

可是，哲雨却在一旁表示支持女儿夫妻俩的意见。

“我可是没意见。能不能办得既体面又风光？如果实在有负担，那我们就换一身衣服拍张结婚照也未尝不可。”

“爸，这您就别操心了。我到区政府和其他福利机关了解过了，都说可以少花钱多办事。我所在的教会也定期给所属教友举办免费的结婚仪式。办法有很多，您就放心吧。”

“是这样。爸，咱们再把亲戚们请来，一起好好吃顿饭。”

“你们这两个孩子，怎么越来越……你这个老家伙怎么也帮起腔来了？”

女儿夫妻俩在此之后，也曾在电话里提过好几次，但成希根本不为所动。

有一天晚上，成希正躺在床上，哲雨静静走进屋里，在床边坐下来，对她悄声说道：

“知英妈，我跟你说……”

“……”

“你跟我这辈子，难道真的打算一次都不穿穿婚纱吗？你金成希这一生，能就这么算了吗？”

“可是……”

“你记不记得咱们决定言归于好时立下的誓言？”

成希哑口无言。就在他们决定重新走在一起的那天，夫妻俩一致同意在如下两件事情上再不动摇：第一件事是为了孩子，宁肯牺牲自己的一切；另外一件事，则是关于他们的结婚仪式。他们认为，尽管当时还有一些困难，但无论到了什么时候，他们一定要补办一场像模像样的婚礼。他们俩信誓旦旦地立下了这样的誓言。可是随着岁月的流逝，这些誓言已经变成了过眼烟云。

“反正咱们不是都说过要举办一次吗？既然如此，那就赶早不赶晚，还不如趁着咱们还年轻的时候办一次，再补拍几张结婚照片。是不是？”

“这么一大把年纪了，你害臊不害臊啊？”

“有什么好害臊的？我又不是跟别的女人举办婚礼，我是跟自己的原配夫人举行结婚仪式，只是晚了那么几年罢了。有什么好害臊的？”

“你这个老头子，亏你说得出口……”

“再说了，也不光是女人想穿一回婚纱，我也想穿一回那个叫什么礼服的衣裳呢。嗯？知英妈，你就让我穿一回礼服吧。”

在丈夫和女儿、女婿再三催促下，成希最终只得同意了。

正如女婿所言，区政府一直在运营那么一个免费场地，供居民在那里举办各种典礼仪式。他们在附近预定了一家餐厅，知英又通过几个朋友以低廉的价格租来了婚纱和礼服。一个学形象设计的侄子，甚至还给成希夫妻俩化了妆。

成希的父母都已经去世了，因此也没有合适的人带着成希踩上红地毯，把她交给新郎，所以他们决定夫妻俩直接入场。

“新郎新娘入场！”

到了音乐声响起，婚礼现场的大门敞开，成希反倒紧张得浑身僵硬起来。她觉得全场所有人的视线都在注视着自己，她因此紧张得屏住了呼吸。身为一个年近五旬的新娘，在众目睽睽之下，她已经无地自容了，更何况对于婆婆家来说，她觉得自己就是一个罪人。她担心有人会因此而当着众人的面公开指责她。哲雨似乎也很紧张，所以很长一段时间他们两人站在原地动弹不得。就在这时，婆家的一个长者高声喊道：

“呵，新娘子看上去还像个小女子嘛！”

瞬间，全场人哄然大笑起来。喊这句话的人正是哲雨的哥哥。在她和哲雨刚结婚的时候，哲雨的哥哥说是要教她懂得礼节，把她折磨得哭了好几回，可是在她出走后重新回到家里时，他却常常给他们送来各种应季的水果和海鲜。成希对这位大伯一直都很敬畏。

“嘿，杨哲雨，你这个臭小子。娶了这么漂亮的媳妇，怎么才举办婚礼啊？”

“祝贺你，兄弟！”

“姨妈今天可真漂亮啊！”

人们从四面八方向他们致以诚挚的祝福。两个人在雷鸣般的掌声中红着脸，手挽着手走过了红地毯。

哲雨读高中时的班主任老师为他们主持这场别开生面的婚礼。

“尊敬的来宾，你们好！我想，我现在主持的这场婚礼，是我有生以来所主持过的最非同寻常的婚礼。因此，我要稍微调整一下顺序，先给这对新人致辞，然后再进行新郎新娘的婚约仪式。

“这一对新人，曾经为现实的困难所迫，短暂地分开过一段时间。可是现在，他们比任何一对夫妻都更懂得彼此珍惜，彼此尊重，并愿意彼此做出牺牲。他们的婚姻已经重生了！在人生的过程中，我们都有可能做错某件事。但他们两人并没有轻易放弃，轻易去寻找另一个世界，而是在坎坷过后痛定思痛，重新回到只属于他们两个人的家庭之中。在这里，我向他们致以崇高的敬意和真诚的祝福！

“所以，今天这个场所，是祝福他们两人的场所。他们在风雨过后，相互搀扶，相互依靠，为了重建家园而辛勤努力。我为他们准备了两个誓言。”

现场突然被前所未有的严肃氛围所笼罩。

“新郎杨哲雨先生，在以往的岁月中，你是否一直在珍爱新娘金成希，并在她哭泣的时候与她一起流泪，在她痛苦的时候与她一起悲痛？你是否一直以爱的名义陪伴在她身旁？”

“是。”

“新娘金成希女士，在以往的岁月中，你是否一直尊敬、信任新郎杨哲雨，并与他一起面对并战胜困难，与他一起共享欢乐？你是否一直这样爱着新郎？”

“是。”

“那么，新郎杨哲雨先生，你是否愿意发誓，以后将更加珍爱新娘金成希，尽一个丈夫和父亲应尽的所有责任，去维护家庭的幸福？”

“我愿意发誓。”

“新娘金成希女士，你是否愿意发誓，以后将更加尊重和敬爱新郎杨哲雨，尽一个妻子和母亲应尽的所有责任，去维护家庭的幸福？”

“我愿意。”

两个人不由自主地把手握在了一起，然后彼此望着对方的面孔。他们在心中对自己以前所犯下的错误再次道歉，并感谢对方陪伴着自己一直走到现在。他们对将要开始的新的生活充满了期待。

“你们两个人一直相互依靠着走到今天，现在我宣布，你们二人已经成为令世人羡慕的、最幸福的一对夫妻。”

两个人的眼中流下了幸福的泪水。很多了解他们的亲戚，也都带着敬意向他们致以热烈的掌声，祝福他们的未来幸福平安。

如今，成希他们经营的店铺收银台后面的墙壁上，又多了一个镜框。

一个是她们女儿夫妻俩的结婚照，另一个则是成希和哲雨夫妻俩的。尽管新郎新娘的脸上已经布满了皱纹，神情似乎还有些尴尬，婚纱和礼服看上去也没那么华丽，但在成希看来，这是世上最有意义的、值得铭记在心的结婚照。

23 给妻子夹菜的丈夫

新娘备受丈夫和婆婆的呵护

年轻的新娘沉浸在新婚生活的甜蜜中

其幸福的秘诀究竟何在

我和丈夫的年纪相差八年。我最初打算跟他结婚的时候，无论是我的父母还是我周围的朋友们，都认为他的年纪太大，因此都觉得不很妥当。但当他们看到他对我关爱有加，反而开始羡慕起我们来，纷纷表示我们一定会幸福美满。

我们偶尔去餐厅吃饭时，他甚至还帮我摆好筷子和羹匙，对我的爱护之情溢于言表。如果我们点了烤肉，那么他会亲自动手帮我烤好，还要先把烤好的部分夹到我的碟子里。我吃完一块，他就给夹一块，然后再夹一块。他尽心尽力地照顾我，看到我吃得津津有味的样子，他显得那样心满意足。我们去吃自助餐时，情况也大致相同。他早已掌握了我喜欢吃什么东西，又不喜欢吃什么东西，因此每次都是他帮我去取各种食物。看到我的丈夫这样无微不至地关照我，朋友们有时还不无忌妒地奚落我："找了个年纪大的丈夫，所以你才能得到公主般的待遇。"

结婚后不久，有一天我们一起去婆家吃饭。妈妈和朋友们早就向我提出过各种忠告，提醒我到了婆家吃饭的时候，就绝不能当着婆婆的面像平时那样对待丈夫，所以我对此已经做好了充分的准备。我知道，到了婆家，反过来就得由我来给丈夫夹菜了。因为我觉得只有这样，丈夫在他的父母面前才更有面子。可是，我已经习惯了饭来张口的生活方式。在和公婆一起吃饭的时候，我丈夫殷勤地剥下贝壳里的肉，频频夹到我的碟子上。我习惯性地等着他给我夹菜，完全忘记了这是在公婆家里。直到发现婆婆异样的眼神，我才暗暗骂了自己一声。

我原以为婆婆肯定会指责我两句。可没想到，婆婆只是捅了一下公公的腰眼儿，佯装嗔怒道：

“看到孩子们都是怎么做的了吧？这种好习惯，你得多跟年轻人学学，老头子。”

公公夹了一筷子，接口道：

“嘿，你这个人，给儿子娶了个媳妇，开始对我挑三拣四的了。”

公公这样说着，喊了声“给你”，就把夹过的鲜贝肉放到了婆婆的碟子里。看到公公的所作所为，婆婆和我们两口子很是笑了一阵。

如果我说起诸如此类的故事，我的朋友们和我的娘家父母都惊诧不已。遇到这样的公婆算是我的幸运，要是搁在别人身上，说不定早就开始唠叨起来了。

也有人说我是一个强势女人，所以才能把一个大男人牢牢掌握在自己的手心儿里。他们不明白，我一个年纪轻轻的小媳妇，究竟是如何做到这一点的。他们对此疑惑不解。人们仅凭我们在餐厅里吃饭时的情形，就误以为我们夫妻之间的融洽，纯粹是由于我的丈夫单方面做出了巨大的牺牲所致。我为此而感到委屈。为什么丈夫对妻子殷勤了一点，我就变成了一个强势女人，就变成了一个高高在上的女人？

丈夫在餐桌上对我的照顾，令我深受感动。但这并不是说，我平时一直就像公主一般只接受他的关照。如果事情果真如此，婆家人又怎么可能这样对我关怀备至呢?

每次到了周末，我都会早早起床，收拾停当后再把丈夫叫醒，催他赶紧起来一起去婆家。到了婆家以后，我就会径直走进厨房，向已经在那里忙个不停的婆婆询问我该帮些什么，然后挽起袖子认认真真地忙起来。等吃完了饭，我也不会在座位上袖手旁观，而是第一个站起来收拾了餐桌，然后到厨房去清洗餐具。即便我是在干一件体力活，如果婆婆来问我是不是太累了，我也会故作轻松地说这件事很有趣。我绝不会忘记在这种时候脸上要带着一脸轻快的表情。

全家人围坐在一起收看电视节目时，才是我真正得到公婆疼爱的时光。还在我们准备结婚的那段日子里，我一直在苦恼如何才能得到婆婆一家更多的关爱。我那时自已研究出了一个秘密武器，那就是指针术。我把在图书馆举办的百姓讲座中学到的指针术用到了点子上。只要一听说公公婆婆哪里不舒服，就立刻赶过去，握住他们的手，在他们的指尖上下指针。公公夸我是一个大长今式的儿媳妇，而婆婆则到处夸奖我的医术，说是经我一段时间的调理，身上的老毛病早已消失得不见踪影了。

也许正因为我这样急他们之所急，公婆才能在看到他们的儿子给我夹菜时，没有对我说三道四。

我认为，夫妻之间是一种相互取长补短的关系，所以这是一种彼此和谐的存在。正如童话故事里讲到的扇形和掉了齿的圆形之间的关系。我丈夫曾告诉过我，他属于那种乐于烹饪的男人，但却不喜欢处理接下来的事情，所以才不愿意下厨房。吃完了丈夫给做的好吃的饭菜，收拾餐桌和清洗碗筷的事情就理所当然该由我来承担。最初，每次他主厨的时候，总是把厨房弄得一片狼藉，我对此讨厌至极。可周围的朋友们说，丈夫给做饭已经是天大的福气了，只有傻瓜才像我这般挑剔。听他们这么说，我也就想明白了。跟这么大的福气相比，收拾碗筷又算得了什么呢？

丈夫驾车的时候也是如此。作为一个男人，我丈夫令人难以置信地缺乏方位感，但他又不屑于往卫星导航仪里输入目的地，而且在车子发生了故障的时候，他简直就手足无措了。所以，我干脆就变成了他的卫星导航仪。我会模仿一些著名的节目主持人或配音演员的嗓音，适时地向他发出“老公，右转弯”，或者“老公，前方已进入儿童保护区”之类的警示。于是，我丈夫焦躁的情绪慢慢平稳下来，随后便兴致勃勃地驾起车来了。

还有一点，丈夫明确指出了我身上还有一个连我自己都不知道的优点。

“你真是很善于聆听别人讲话。”

“会说话才算是优点呢，老老实实听别人讲话算什么优点啊？”

“不。善于聆听要比善于讲话更重要。你难道不知道这一点吗？只要有人讲话，你总是安静地倾听。你这样子实在美极了。我发现你还时不时地点点头，有时还跟我对视一小会儿。我感觉你是在用心听我讲话，我为此感到满足。我的父母喜欢你，说不定也是因为这一点。我真的很感谢你一直都注意倾听他们的讲话。”

听丈夫这么说，我感到格外高兴。事实上，我的表情宁静自然，是因为我的丈夫和公婆只跟我说些令人开心的话，所以才能让我保持那样一种平静的心态，可他们竟然连这都看成是我的优点，并加以赞美和表扬。于是我便对丈夫说:“你具有能找出他人优点的优点。”我一边这样说，一边跟他对视着，向他报以微笑。

我就是这样一个妻子。现在是否还会有人说我是一个只知道接受丈夫关爱的女人呢?我和我的丈夫，就是这样一对相互取长补短、相互称赞、相互鼓励的幸福的夫妻。

24 五十四岁的圣诞礼物

跟艰难的、痛苦的往事作别的圣诞夜
让我跟你一起憧憬着幸福的明天辞旧迎新

前不久，我曾跟一位离了婚的朋友谈起有关“究竟什么是爱”的话题。也许你会反问，在我们这个年纪，怎么又像年轻人一样提起有关爱的话题。但我和我的朋友却很想真诚地给爱下一个定义。

为什么会突然想起那时的情景呢？在产生这样的疑问时，我们几个人正坐在车上前往釜山出差。就在这时我的手机突然收到了一条短信。

“首尔正在飘雪。好容易出一趟差，你就以旅行的心情，去玩儿上一回吧。”

接到你的短信，我无端地感伤起来。这难道是因为今天刚好是圣诞夜吗？我想都没想过你会给我发来这样一条短信。也许正因为如此，你这深藏在内心深处的耳语，才深深触动了我。

“赶上圣诞节出差，我很抱歉。我尽快赶回。”

“别太急，一定要吃了晚饭再往回赶。公司里的事情我会处理好的。”

我和你开始谈恋爱大约是三十年之前的事情。如果那时手机已经问世，如果我们作为一对年轻的恋人，也以这种方式互相传递信息，结果又会怎样？我是否也会像现在这样心潮澎湃？

最近，我们睁开眼睛就开始吵架。尽管如此，在这样相距遥远的地方，读到你发来的短信，我的嘴角依然在不经意间露出甜美的微笑。我不由自主地想起了和你谈恋爱时的情形。

三十多年来，这份温暖一直藏在什么地方，直到今天才这样突然冒出来，给我送来阵阵暖意。

我离开同行的人，一个人来到海云台，在海边上孑孓前行。不知为什么，长久以来纠结在我心中的感情突然释放出来。以前，我无数次偷偷流泪，但今天再也不需要掩饰。我让泪水在风中尽情流淌。

亲爱的，老实说，在以往的婚姻生活中，令我悲伤的、恼火的、怨恨的事情远远多于令我高兴的事情。但我希望今天把这一切黑暗的过去，统统扔到海云台下的海水中，然后带着跟你重新开始的心情返回首尔。我就想带着今天收到你的短信时的心情，走回你身边。

这个世上是否真的有那么一种被我们称为宿命的爱情呢？回首我们走过的短短的人生道路，令我们痛心疾首的事情可真是不少啊。

我们夫妻俩是同龄人，就读于同一所大学。在读书期间我们相遇，然后经过了三年多的恋爱过程，终于结为夫妻。

无论是那时还是现在，要想结婚成家，有这么几个先决条件都是不容忽视的：钱、学业、家庭背景……所有人都劝我结婚前一定要好好了解一下这方面的情况，然后再作决定。但我只是因为喜欢你才跟你结婚。我相信我们两个人会在一所不大不小的新房，开始我们卿卿我我的新生活。我对我们的未来充满了美好的幻想。

可是，等我们真的走到了一起，情况却出乎我的意料。我们不得不跟中风的婆婆和待嫁闺中的大姑子一起生活，甚至还要把我们的里屋让给婆婆居住。我当时两眼一片漆黑，根本看不到未来。我该如何侍奉瘫痪在床的婆婆和年长的大姑子？何况我们的家庭并不富裕，因此结了婚以后，我还要一边工作，一边照料卧病在床的婆婆。摆在我眼前的现实实在是过于严峻了。

幸运的是婆婆一再强调和鼓励我要热心工作，不要为家庭所累，对我这个还不大会过日子的媳妇，婆婆从不指手画脚。我对此充满了感激。最初，我在婆婆一家人面前诚惶诚恐，现在想来这真是一件令人羞愧的事情。令我感激不尽的是大姑子几乎包揽了全部的家务和照料卧病在床的婆婆的事务。一年以后，当我们有了自己的女儿，大姑子甚至还把育儿的工作承担了下来。多亏了她的任劳任怨，我才得以全身心投入工作，我的业务能力才被同事们一致认可。我至今都对我的大姑子心存感激之情。

可问题还是出现了。在我们结婚一年之后，由于金融危机的爆发，你失去了一切。我们的房屋被没收，所有的财产都被扣押了。

你平时是个非常感性的人，也懂得浪漫，所以对你来说，在遇到这种现实的困难时，你也一定比他人经历了更多的痛苦。

你每天喝得酩酊大醉，完全放弃了生活的希望。后来在一次饮酒驾车时发生了一场交通事故，你不得不承担起赔偿受害者的义务。不仅如此，你本人也在医院里整整度过了八个月时间。当时，我下定了决心，要用我自己的双手为我们开创新的生活。我白天在单位努力工作，晚上还要回到医院照顾你。在那段日子里，我整天以泪洗面，葬送了美好的青春岁月。

过了几年以后，你的健康状态逐渐恢复，于是又重新开始创业了。等到事业初具规模的时候，你又开始酗酒了。没过多久，你的身上已经表现出各种酒精中毒的症状。从那时起，我们夫妻俩几乎没有一天不吵架。

那时，我无数次面对上帝，反复默诵《圣经》里的诗句：

“爱是恒久忍耐，又有恩慈 / 爱是不嫉妒。爱是不自夸。不张狂 / 不做害羞的事。不求自己的益处 / 不轻易发怒。不计算人的恶 / 不喜欢不义。只喜欢真理 / 凡事包容。凡事相信。凡事盼望。凡事忍耐 / 爱是永不止息。”

我在《圣经》中获得了力量，然后努力纠正丈夫的骄傲，同时也让自己懂得了忍耐。我在这样的努力过程中战胜了自己。

亲爱的，我想回顾一下，在跟你一起生活的这段日子里，我们都遇到过哪些重大的事件。如果一定要给这些事件起个名字，我想至少可以称得上是“我们家的简史”吧。

瘫痪在床的婆婆，必须有人帮忙才能排便。虽说所有照顾婆婆的事情都是大姑子一人承担，可我守候在一旁，看到眼前的一切，心情也无比痛苦。尽管我偶尔也会照顾一下婆婆，但这不是一天两天，而是漫长的八年时间。你可知我每次遇到这种事情时，究竟是一种什么心情？每当我感到身心俱疲，我就会想起特蕾莎修女的献身精神。于是我把我遇到的一切，当成是命中注定的事情而加以接纳。

你的“代驾”和过量饮酒的问题也让我头痛不已。现在想来，你的过量饮酒可能是因为事业上遭到失败以后，那场交通事故造成的。一位接受过大脑手术的人曾告诉我说，大量饮酒的人接受了大脑手术后，他的脑细胞就会受到损伤，最终将引起健忘，进而毫不犹豫地去采取一些目中无人的行动。那个人还说，这样的人一旦倒下，就极有可能在来不及留下一张遗书的情况下，永远沉睡过去。他这番话让我忧心忡忡。

比如说，你有这样一个坏毛病：你要是喝一回酒，就一定要连续喝上一星期方才善罢甘休，所以你不得不依赖代驾。因此，你经常因超速行驶而被罚款。每次被罚七万韩元，按一个月二十次计算，咱们每个月要为此凭空支付一百四十万韩元。但有时，我反而还会感谢上帝。因为你尽管喝成了那个样子，好在还找了个代驾，把你送回家里，送到我的身边。我感谢上帝给了我这样的能力，去解决如此庞大的一笔开销。

另外，你是否还记得曾发生过美容院“院长事件”？这位美容院院长跟咱们住在同一个社区，因此很了解咱们的家庭情况。她跟我也算熟识。有一天，你和她一起喝过酒之后，她背着你用你的信用卡在百货商场里购买了很多贵重的衣物。这件事后来被我们发现了。有一家出版社在得知这一消息以后，甚至还以“美容院院长”为题，报道过她的刑事案件。这件事虽说已经过去很久了，可你是否有过一丝的悔意？

经过了很长一段时间的烦恼之后，我终于决定帮助你戒酒。出于这个迫切的愿望，我辞掉了工作，于二〇〇四年接手了一家图书出版社，并和你一起尽力打造我们全新的生活。按理说，你是一个高级人才，平时不仅要承担繁重的业务，同时还要担任我们出版社的司机一职。可你没有一句怨言，至今任劳任怨地引领我们的企业向前发展。你是否知道，我当时是出于什么原因，接手了这家出版社，并请你来负责整体的运营？你知道我其中的深意吗？说实话，我并没想过要从事什么文化事业，也没想过要做出什么社会贡献，我只是希望通过这件事，能让你少喝一点酒，并恢复身体健康，变成一个顾家的好男人——尽管事实证明并没有多大的效果。你的老毛病至今还在时时发作……

今夜，海云台下的海岸……我认真反省后发现，你嗜酒的原因之一其实也在于我这个妻子。对于你来说，我并不是一个完美的女人。

有一次，你和大姑子背着我，悄悄为我准备了一次生日晚会。可我连这都没有想到，在单位一直工作到十二点多才回到家里。那天，你气愤不已，终于又开始喝起酒来。此后，我们连续大吵了好几天。

餐桌上摆放着一块生日蛋糕，上面还令人尴尬地插着生日蜡烛，各种菜肴早已凉透了。这一切，全是你们为了我才准备的，可我就像是一个傻瓜，根本不懂得如何去接受你们对我的爱。

亲爱的，我曾经跟咱们的女儿有过这样一段对话。

咱们的孩子俨然已经是一位大学生了。她这样问我：

“妈妈，您腌过泡菜吗？”

听了这句话，我的心头为之一颤。以往，都是大姑子在张罗这些事情，而我只是在旁边抹抹作料，递递泡菜桶，打个下手。何况这也都是在我不忙的时候。而更多的时候，我都是借口公司里业务繁忙，尽可能对这些事情退避三舍。

“这次我来腌一回吧。可是，要想腌泡菜，就得买新鲜的大白菜吗？是不是可以在什么地方买到已经腌好的大白菜呢？”

“哎呀，妈妈你可真是的……我来帮你，今年咱们还是正规一些吧。咱们不妨跟咱家的生活顾问——姑姑问一下嘛。我也想跟妈妈一起学学家务事呢。”

这真是一件令人尴尬的事情。今年我已经五十四岁了。咱们是三十三岁那年结的婚，算起来已经一起度过了二十一年时间。可是在如此漫长的时间里，我都做过哪些事情呢？如果要让我为自己开脱一下，我只能说，除了做书，我什么都没做过。我有什么特别拿手的家务事吗？无论我是一个多么富有责任感的职业人，可我总是在夜里十二点以后回家，这一点怎么也是说不过去的。所以，把你酗酒的习惯归结到曾经接受过“大脑手术”，这实在过于牵强附会。

对不起了，亲爱的。从今天开始，我将大幅缩减我的工作量，拿出更多的时间去接受你的关爱。尤其是在周末，我将早早回家，带着对你的思念在家里等着你的归来。不过有一件事，我还是希望你能给予充分的理解。咱们夫妻之间是不是有一个年度计划？我希望在这一年当中，你能以爱的名义，理解我，包容我。另外，你也应戒掉跟你的健康即跟你的生命相关的酒。我和咱们的孩子是那么地爱着你。你知道吧？你不妨想象一下，咱们的女儿披上婚纱的那一天，你将以什么样的形象挽着咱们的女儿走过红地毯，把她交付给另外一个人？我多么希望看到你那时能以健康的、顶天立地的形象出现在众人面前。

只在入睡前喝一小杯葡萄酒怎么样？人们都说，葡萄酒有利于身体健康，而我也希望偶尔能和你喝上那么一杯，跟你说说悄悄话。我尽管喝不了多少酒，但这样的量，我也能以一个酒友的身份陪你一杯。不是说“既是一位妻子，同时也是一位朋友，这样的女人才是一个优秀的妻子；不能成为朋友的女人，不适合成为一个妻子”吗？我也想偶尔成为你的一个朋友。

还有，有件事我一定得拜托你。请你一定给我和女儿各买一条围裙，就挑你喜欢的颜色。今年你过生日的时候，我们要穿上它们，给你做很多很多你喜欢吃的东西。你就耐心等待吧。

亲爱的，今夜，冬日的海云台上刮起寒冷的海风。漫天的海风似乎在催促我赶紧回到你温暖的怀抱中去。请你千万少喝一点酒，千万把更多的精力投入到家庭生活当中。请你更多地关注我，照顾我，好让我有更多的力量索取你的爱。当然，我也会努力变成名副其实的一个好妻子。

爱情不可能总是像春风那样温暖宜人。你和我的爱，说不定就像这冬日里的寒风，是属于相互劲吹的那种吧。咱们以后说不定还会激烈争吵，你可能仍然戒不了酒，而我仍然是一个笨手笨脚的妈妈和家庭主妇……可是我决定，每当遇到这样那样的事情，我都愿意回想着此刻，并努力做到更爱你一些。

现在，我把我对你的千言万语凝缩成如下几行文字：

> 圣诞快乐！
> 祝你明天更加幸福。
> 孩子她爸，加油！
> 爱你的妻子。

25 马拉松发烧友

你究竟有什么烦恼，以至于这样跑个没完没了
在疯跑的过程中你都想些什么事情
我真想理解你，跟着你跑下去
有了家人的声援，我的体内充满了力量

东湖是一个马拉松发烧友，但他并不是从一开始就这样热衷于马拉松运动。在公司进行的例行健康检查中，东湖被认定为一个糖尿病疑似患者。因此，对于东湖来说，减轻体重是必须的事情。他尝试了各种减肥方法，但体重就是减不下来。正在这时，朋友虎灿建议他不妨参加马拉松运动试一试。

“我怎么能跑那么长时间呢？说不定还没跑完，我就死于心脏麻痹了。”

“只要不过于鲁莽就行。不要从一开始就想跑完全程。先从十公里开始，然后坚持跑完半程，最后挑战全程。马拉松运动要讲究个循序渐进才是，要慢慢增加运动量，这样就不会有什么不良反应了。”

跟虎灿谈过以后，第二天东湖就开始了跑步运动。刚开始的时候，他还没跑上两三分钟，就觉得自己的心脏都快要爆裂了。可过了没多久，他就发现自己慢慢适应了这项运动。到后来，他竟然可以轻松地跑完十公里。

东湖在网上加入了马拉松爱好者协会，然后每周日早晨，便和大家一起参加马拉松运动。最初，他是带着减肥的目的参加这项运动的，但过了没多久，他就不知不觉地变成了一个马拉松发烧友。

“星期天了，多跟孩子们待一会儿多好，怎么又要出去？”

“嗯。我早去早回吧。”

“你什么时候像你说的那样早去早回了？说得倒好！”

“不会。我马上就回来。”

星期天早晨六点钟，丈夫东湖又出去跑步了。妻子妍淑看着丈夫走出家门的背影，心中生出一丝怨恨。每个星期天早晨都这样出去跑步，那就应该在平时多跟家人待在一起，可东湖每天下班以后，还要在公司附近的健身房锻炼身体，以增强自己的基本体能。妍淑看着这样的东湖，目光自然柔和不起来。

“无论如何，我看你都已经变成了一个跑步中毒者。否则，你怎么可能一天不落地出去跑步呢？公司里的事情已经让你筋疲力尽了，可你还能这么坚持跑下去，你这不是中毒又是什么？”

“哪里来的什么中毒啊？你不妨也跑一下试试，爽快极了。在跑步的过程中，所有的苦恼和烦心事，都消失得无影无踪了。”

在妍淑看来，自己的丈夫是一个马拉松运动的中毒者。由于这个原因，妍淑对马拉松运动的抵触情绪日益增加。妍淑认为，东湖把马拉松看得比家人更重要，她又如何能喜欢上马拉松运动呢？电视节目里偶尔有马拉松比赛的实况转播，妍淑要么立刻换台，要么干脆关掉电源。她想，“整天吃花了那么多钱买来的东西，这是在折腾什么呢？”

妍淑在心中暗暗希望这次的结婚纪念日，东湖能请她一起去温泉度个假。

“最近我老是腿疼。听说，在这种情况下，去洗个温泉澡会很有帮助……”

“减肥才是根本之道。每天支撑着那么重的身体，腿不疼才怪呢。”

听丈夫这么自说自话，妍淑的脸色立刻就不好看了。

在结婚纪念日那天早晨，东湖又去参加马拉松运动了。妍淑听着东湖一个人走出家门的声音，心里愤愤地想：“好吧。你就跑你的去吧，我也不再跟你唠叨了。要么跟你打离婚，要么……反正我已经受不了了。”她这样想着，眼里滚下了两行辛酸的泪水。丈夫在这么重要的日子里，都义无反顾地出去跑步，这怎么能不让妍淑对自己的命运感到悲伤呢？她想“我难道就是为了这样的生活跟你结的婚吗？”妍淑越想越伤心。她在悲伤中短暂地睡了过去。可就在这时，孩子们的一阵骚动把她给惊醒了。

“妈妈，你是不是哪里不舒服啊？”

“没有。没有不舒服。是该起床了。”

“妈妈，爸爸发来短信说，让咱们把电视打开。”

“爸爸？干什么要打开电视？没说是什么事情吗？”

“咱们一起去看看吧。”

妍淑在孩子们的催促下，跟他们一起来到了客厅。打开电视一看，里面正在实况转播一场马拉松比赛。

“爸爸是让你们看这个节目吗？”

“嗯。”

“妈妈不喜欢马拉松。”

“那你也得看。我们去准备早餐，妈妈你还是老老实实坐在这里好好看看吧。”

听孩子们这么说，妍淑只好坐下来假装看电视。电视画面中，有各色人带着饮料瓶跑步。其中有的人还穿着卡通服装在跑，妍淑心想“天下之大，真是无奇不有”。可是孩子们突然欢呼起来。

“哇塞，爸爸！我说嘛。爸爸都上电视了！”

“妈妈你看，爸爸！是爸爸！”

“哪儿呢？你们说是谁？”

“你看那个穿着唐老鸭服装的人，不就是爸爸吗？”

“什么？那是你爸？”

“是啊。爸爸上电视了！”

“尽干些稀奇古怪的事情。这算什么事啊。”

“这有什么好奇怪的？妈妈，那是我们给准备的。是爸爸跟我们背着妈妈一起准备的，费了我们好大的劲儿呢。”

“妈妈，你看我们的创意怎么样？这么醒目，所以才能抢到镜头。嘻嘻……”

“老大不小的，像孩子一样……”

嘴里虽然这么说，可妍淑还是脸红起来。电视画面上出现了特写镜头，妍淑终于看清东湖的面孔。东湖戴着一顶硕大的唐老鸭帽子，胳膊上套着翅膀一样的服饰，跑起来一颤一颤的。在他的胸前，竟然还印着这样一行大字：“纪念结婚十七周年。妍淑我爱你！”这时，解说员说道：

“哦，这位选手今天穿得很特别啊。是一身黄色的唐老鸭服装。哈哈哈。”

“看胸前的字样，今天似乎是这位选手的结婚纪念日。竟然想出这么个办法，估计他的妻子一定非常感动。”

“是啊。尽管穿了短袖运动衫和短裤，可是套上这么一顶大帽子，跑起来一定很费力。”

平时一提到马拉松运动就气不打一处来的妍淑，这一天却一直坐在电视机前目不转睛地收看节目，直到比赛结束为止。最初，她看到丈夫穿着一身奇怪的服装出现在画面上时，只觉得有些好笑，她觉得丈夫上电视这件事情也令人激动，因此也就跟孩子们一起笑着看了下去。可当她看到丈夫跑的时间越来越长，逐渐有些不安起来。

“干什么要遭这份罪啊？这该有多累……”

妍淑虽然这么说，可她的声音已经变了声调。

“你看你爸爸是不是太热了？”

“就是啊。我都说了，把帽子的重量减轻一点。”

“不过正因为这顶帽子很特别，所以才频频抢到镜头的。否则，这么多人在同时赛跑，谁又能找到你爸呢？”

在距离终点五公里处，东湖的步伐开始变得异常沉重起来。妍淑的手心里也开始冒出细密的汗珠。她突然想起丈夫曾经对自己说，在跑步的时候，所有的烦恼都会消失得踪影不见。那么，丈夫究竟有什么烦恼，竟然要这样没命地奔跑呢？他在跑步的过程中，心里在想些什么事情呢？这样一想，妍淑的心中不禁生出隐隐的愧意。以往每当遇到什么难事，妍淑都会如实地告诉自己的丈夫，可丈夫本来就是个寡言少语的人，所以即使遇到了什么困难，也轻易不会表露出来。直到事情过去了很久，才会轻描淡写地跟她提一句。想到这一点，妍淑意识到东湖参加马拉松运动，其实也是为了这个家庭所做的一项努力。

到了晚上，东湖才回到家里。妍淑看着东湖一脸的倦容，心疼地一把将他抱在了怀里。

“哎哟，你这个人今天这是怎么了？”

“亲爱的。你今天看上去帅极了。”

“哈哈。我还以为你又会像以前那样责怪我像个孩子呢。”

“我今天还是第一次认真收看了所谓的马拉松运动呢。刚开始是因为孩子们说你在电视里面，所以才坐下来看的。可后来，我就在关心你究竟跑到了什么位置。看着看着，到后来我自己都想去参加马拉松赛跑了。从现在开始，我也打算跟你一起跑了。”

“哈哈，这才是我想要听到的话。我真的从很久以前就开始希望能和你一起跑步。尽管因为你一再反对，我迟迟没有向你明确提出。首先应该从快速行走开始，否则的话会遇到大麻烦。我来给你当教练好了。”

“我什么时候一再反对你了……我不过是因为你只顾着参加马拉松运动，而忽略了家庭生活罢了，所以才……”

丈夫这么长时间以来，一直希望妍淑能对他予以理解。自从妍淑比以往更理解东湖，他们夫妻两人的关系更加亲密了。他们一起去准备运动鞋和运动服，制订运动计划，在这个过程中，他们俩的交流也多了起来。在一起跑步的时候，妍淑也学会了在旁边彼此鼓励彼此帮助的方法。在跑完了全程以后，妍淑也能跟丈夫一起体会那种成就感，并为此欢欣鼓舞。

现在，妍淑在丈夫的鼓励和帮助下，已经能够坚持跑完十公里短程马拉松了。一想到在决赛中丈夫和孩子们将在终点等待着自己，妍淑的身上就充满了力量。家人的声援，赋予了她无限的力量和信心。

26 丈夫的脏指甲

今天，你仍然一身疲惫，很快就睡去
在你为了家庭而努力的过程中，岁月让你的手变得粗糙
让我带着感激之情轻轻握住你的大手……

上星期一早晨，丈夫准备到地方去出差。他吃完了早饭，对着客厅里的日历，掰着手指头嘴里自言自语着。我假装什么都没看见，依然面对着电视机，却斜着眼盯着他的一举一动。我还在想，要是丈夫首先想起了那个日子，我该如何表现。我静静地期待着那个激动人心的时刻。

“太民妈，二月五号是你的生日啊！”

“天哪，你还记得我的生日？我都已经忘掉了，多谢你还想得起来。”

“送你一件什么东西作为生日礼物呢？”

“还送什么礼物……”

等等。要一个什么样的生日礼物呢？是不是让他给买一个小包？不，现在都已经是春天了，还是让他送我一件春装外套也许更实用一些。

我一个人在心里美滋滋地打着小算盘。我觉得原本只能由我一个人听得到的心跳声似乎在整个房间里轰响起来。这时，丈夫终于开口说话了。

“二月份该忙了，所有的日程都排得满满的。”

“是吗？忙一点好。没什么特别的事情吧？”

“特别的事情？啊！差一点忘掉了。”

“什么呀？”

“太民他们的托儿所要举行一场才艺表演，那一天可得把时间空出来才是。”

听到丈夫这番话，我的心情稍微有些不悦。我想他总不至于把我的生日给忘掉了吧？

“才艺表演？也是，那也算得上是一个特别的事情。还有没有别的什么事啊？”

丈夫做出一个沉思的样子努力回想了片刻，然后像是已经确认了没什么特别的事情，穿上衣服便走出了家门。丈夫在院子里启动了汽车，然后探出头强调一定要把门锁好，不要因为他不在家就不按时吃饭。说完这些话，他便关上车门，直奔木浦出差去了。

等丈夫的车消失在视野中，我狂跳的心脏终于平静下来了。我等待的那个激动人心的时刻并没有到来。我为此而感到惋惜和悲哀，一个人陷入深深的失望之中。我原以为今年或许会有个不一样的生日，可没承想到头来还是竹篮打水一场空。

二月五日正是我的生日。我丈夫仅仅在结婚第一年和第二年记住了我的生日，但也并不是说在此之后的生日那天我就没有受到过丈夫的祝贺，因为我总会适时地对他旁敲侧击。

我丈夫平时老是丢三落四的，每天早晨出了门都要三番五次地返回来取钱夹、车钥匙、日记本……在我的印象中，他从来就没有一次走出家门径直去上班的经历。他在日常生活中都是这么个马大哈，所以我从很早以前开始就已经不再寄希望于他能记住我的生日了。

但让我就这样不了了之，我自然是心有不甘。再说了，天底下有哪一个做妻子的，不想在生日那天得到丈夫的祝贺呢？所以，每当生日到来，我便会以各种方式暗示或提醒他，也好得到他哪怕是口头上的祝贺。

到去年为止，我一直都是这么干的：在日历上我生日那天画上一个大大的圆圈，然后还要一字一句地写上“妻子的生日”等字样。如此一来，我当然如我所愿获得了丈夫的祝贺。我觉得这样旁敲侧击地提醒他，总比借着这个由头不停地向他发牢骚，或是抱怨他不再像以前那样爱我等做法更有利于家庭的和睦与稳定，这样才是我认为的为妻之道。

丈夫出差在外的这三天，我一个人反复琢磨，今年该以什么方式敲打敲打他这个大大咧咧的男人。在日历上画一个大圆圈的做法一直沿用至今，说不定丈夫都不觉得有什么新奇。我绞尽脑汁，想以一种更加隐约的方法提醒他。感动！对！我应该激起丈夫的感动，以获得他更加热烈的祝贺。

去木浦出差的丈夫昨天已经回到了家里。他在外面连续两天没合眼，回到家里，人已经累得不成样子。我想他肯定是在白天稍微打了个盹儿，然后马不停蹄地在积雪的道路上驱车返回。即便如此，他回到家里时的表情也很明朗。看到丈夫这个样子，我的心中感慨不已。家和家人在他的心目中占据着怎样的地位，竟让他如此义无反顾……

在所有人都已沉入梦乡的时候，我的丈夫一定是在寒冷的雪夜挖开冰冻的厚土层，去完成自己的工作。我想他在做这件事情的时候一定是在想着我们这个家。我仿佛看到他作为一个丈夫、作为一个爸爸在冰天雪地中挥汗如雨的伟岸形象。

晚上收拾完餐桌，丈夫已经在客厅的沙发上躺下来了。我走过去，紧靠着他坐了下来。

“太民他爸，我看看你的手。”

“我的手有什么好看的？”

“我给你剪剪指甲吧。”

“给我剪指甲？你这是唱的哪一出，竟然要给我剪指甲？是不是想求我帮你做什么事情啊？”

“我能求你什么事啊？我不过是想给咱们家的顶梁柱剪个指甲嘛。”

“这样啊。好好好。谢谢你了。”

我摆好了姿势，把他的手抬了起来。他的手看上去比以前更加粗糙了。

“我家老公的手也老了，我还以为只有我的手老了呢。不过你是不是真的给忘掉了？明后天就是你妻子的生日啊。无论如何，我的生日总该得到你的祝贺，我才能心安理得啊。”

“……”

“太民他爸，每次在过生日的时候，只要得到你的祝贺，我浑身就充满了力量，感觉人也年轻了好几岁。”

“……”

我看到丈夫的指甲已经很长了，指甲缝里塞满了黑黑的泥垢。那一瞬间，我感到实在是无地自容。我在忐忑不安中小心翼翼地给他修剪指甲。他的指甲太厚了，我必须使出很大的力量才能剪断他的指甲。我捏指甲刀的手不住地颤抖起来。剪完了十个指甲和十个脚趾甲，我的手指都有些隐隐作痛，肩膀也都有些酸软起来。

可是，也不知丈夫在心中想些什么，他只是把手指交给我，躺在那里一句话都不说。我专心致志地给丈夫剪着指甲，见他始终默不做声，于是侧过头朝他的脸上看了一眼。一见之下我吃了一惊——丈夫已经睡着了。

“这算怎么回事？这个人到底是什么时候睡着的？你难道连我说话的声音都听不到，就这样睡过去了？”

我这样想着，心中不禁有些酸楚。但也是仅此而已。丈夫睡得很安详。他合上的双眼之上，消瘦的两颊之上，覆盖着一层来自生活的劳苦。我猛然发现他那原本弹性十足的皮肤，不知何时已经变得干枯，像一张又薄又脆的旧报纸，哪怕有一阵微风，都有可能把它吹破。

为了维持我们一家的生活，丈夫每天都在跟所遇到的工作展开一场战争。如果他仅仅是为了自己一个人，我想他不可能这样全身心地投入如此繁重的、屈辱的工作之中。为了成为我们这个家的顶梁柱，为了成为我们家的一堵避风的高墙，丈夫每天要面对各种艰难。即便如此，我也没能发自肺腑地对他说声谢谢。我每天忙于家务和照顾孩子，弄得也是筋疲力尽，只知道对丈夫唠唠叨叨，没完没了地抱怨。

跟丈夫的辛劳比起来，我的生日又算个什么呢？我对自己怀着侥幸的心理，期待丈夫记起我的生日的想法后悔莫及。在夜深人静之时，当丈夫拖着一身的疲惫从远处打来电话，问我是否锁好了门，是否按时吃过了饭时，我怎么就没能更温柔更亲切地作答？我怎么就没能在电话中告诉他要小心驾驶？我恨我自己没能更多地向他传递我心中对他的牵挂。

我给丈夫粗糙的手上抹了润肤霜，然后一遍又一遍轻轻抚摸着。我这样抚摸是因为心中的愧意，也是因为对他充满感激……他的手指关节已经变得十分僵硬，手掌上也长满了老茧。我握着这样一双手，心中百感交集。看着安然入睡的丈夫，我悄悄流下了眼泪。

我的眼泪滴落在丈夫的手背上。他翻了一个身又接着睡去。那一刻，我心中的失落已经荡然无存。就在此时，丈夫在半梦半醒中喃喃自语道：

“二月五日，你的生日我没忘……别担心……”

我轻轻地抱住丈夫的肩膀，向他耳语：

“亲爱的，我爱你。”

27 家庭里的妻子，家庭外的丈夫

你是国王，而我是你的王后
我们家是一座洋溢着幸福的王宫
把我们环抱在它的怀中

我书读得不多，所以一直都希望我未来的丈夫是一个饱学之士，以弥补我的不足。这是我的心愿。我希望他是一个穿着一身整洁的服装，带着笔记本和一支漂亮的钢笔，在一间豪华的办公室里工作的人。我梦想着能遇到一个不需要在户外风吹日晒的男人。

有一次，一位远房大嫂给我介绍了一个大学毕业刚参加工作的男人。我一站到这个男人面前，就像是霜打的茄子那样蔫了下来。我们是在一家茶馆里见面的。不知为何，我浑身颤抖不已，连一杯茶都没能喝好。我像一个站在老师面前的小学生那样吞吞吐吐地回答了几句，便仓皇逃出了门外。有道是物以类聚，人以群分，自从有过这件事以后，我便意识到我还是应该找一个与我水平相差无几的人，我才会心安理得。

我第一次遇到我现在的丈夫时，他的脸被晒得黝黑黝黑的，看上去跟一个农民没什么两样。他身上穿着的西服很不合体，像是从洗衣店里临时借来的一般。何况他的手上布满了伤疤，因此我一下子就明白了他平时一定是在从事比较危险的工作。

他跟我梦想中的白马王子差得实在太远，但从第一次见面开始，我便感到前所未有的舒服。他就像是一个很早就认识我的人那样对待我，这让我感到说不出的自在。正因为这一点，我后来才跟他结了婚。

从谈恋爱阶段开始直到今天，丈夫从来没有令我失望过，也从没有惹我发过火。我对丈夫的一切都感到心满意足，也对他能这样待我心存感激。

但只有那么一点，我却是无法感到满足，那便是丈夫从事的工作。在结婚初期，我并没有十分介意丈夫从事的工作。因为尽管他挣得不算很多，但每个月的工资也足够我们生活之需。但随着孩子们日渐长大，情况就发生了变化。

我的丈夫是一个在建筑工地上打短工的“建筑工人”。虽说职业不分贵贱，但现实并非如此，这一点我们无可否认。每年的三月份，我就要带着犯罪意识，在孩子们的“家庭背景调查表”上填上“公司职员”等字样。我担心一旦我如实地填上“建筑工人”，学校的老师们就有可能戴着有色眼镜看我们家的孩子，而且班里的同学们也有可能拿孩子们的爸爸的职业取笑和奚落他们。我在这样谎报家庭背景的时候，私下里也自知愧对丈夫，但我以为，丈夫这样努力工作，也都是为了孩子们，所以一定能够理解我的行为。

我偶尔去娘家串门，也感到有些抬不起头来。我总是疑神疑鬼的，唯恐我的兄弟姐妹们取笑我的丈夫或我们一家。如此一来，我去娘家的次数自然而然逐渐减少了。

但是，偶尔路过什么地方的时候，一旦看到一个建筑工地，我就会停下脚步看上一会儿。我会联想到“我的丈夫也在这样干活”，于是我便不知不觉地流下羞愧的眼泪。事实上，我尽管知道我丈夫所在的单位，但一次都没有前去看望。一来没有什么特别的事情值得我去单位找他，二来丈夫也不大希望我找上门去。所以，我尽管知道丈夫是在建筑工地工作，却始终不知道他究竟在从事什么样的劳动。

我不知道丈夫究竟在从事什么性质的工作，但这并不意味着我对他漠不关心，也不意味着我不爱他。在电视节目中，我偶尔能接触到某个建筑工地发生了事故，致使在那里干活的建筑工人遭受严重创伤，甚至死亡的消息。最初，我也仅仅是想一想天底下也还有不少跟我命运相仿的人而已。但越往后，我便越是感同身受地意识到那是发生在我身上的事故。每当这时，我便会心神不宁，什么事情也做不下去，只等着早一点看到丈夫回家。我甚至冲动地想立刻跑到丈夫所在的建筑工地，亲眼看一看丈夫是否在安全地劳动。

在长长的雨季，有一天好容易天气晴朗了。我正把潮湿的被褥一一晾到屋顶上去。当时，丈夫正在离家不远的一个建筑工地上干活儿。我在屋顶上遥望丈夫所在的建筑工地，看见工地上悬挂着他们公司的名称。但不知为何，我突然感到有些不安起来。我暗自安慰自己，这不过是我的担心罢了。可是我的不安越来越沉重地压在我的心头，令我无所适从。

这种事情还是头一次发生。我感觉仿佛丈夫发生了什么事故，正躺在工地中央，我为此陷入深深的不安之中。我把被褥胡乱晾在屋顶上，然后匆忙行动起来。“我就是去看一眼而已。我只需要远远地看一眼，看到他还在安全地工作就行了。”我这样想着，也来不及换一身衣服，就匆忙向建筑工地赶去。穿过市场，再横穿一条马路，就是丈夫所在的建筑工地。一辆又一辆混凝土搅拌车频繁地出入高高的大铁门，我感觉用铁皮围起来的建筑工地有些阴森可怖。这层铁皮围墙太高了，我站在外面根本看不到里面的情形。

我只好走到建筑工地附近的一个小公园里，爬到了一个正对着工地的长椅上。居高临下，建筑现场一览无余。我带着侥幸的心理，四处寻找丈夫的身影。我好容易在人群当中发现了丈夫的影子。我看到丈夫正甩开膀子抡着铁锤。丈夫每抡一下，便传来铁锤击打在钢钎上的撞击声。这个声音在我的心中激起了层层涟漪。

那一瞬间，我的泪水止不住地流了下来，弄得我险些从长椅上掉到地上。好在当时小公园里没什么人，否则人家看到我这副失魂落魄的样子，说不定会把我当成一个神经有问题的人。

我痛痛快快地哭了一阵儿，这才坐到长椅上，让我的心情慢慢平静下来。后来我想，“难道非得这么拼死拼活地干吗？为什么我的丈夫非得在这大太阳底下卖苦力，才能养活我们一家？”这样想着，我也就明白了迄今为止，我的丈夫为了我们一家人的生活，做出了多大的牺牲。我发现，这么长时间以来，我和孩子们一直都认为他做出这样的牺牲是理所当然的。我不禁为此而感到深深的惭愧。

我想到，从今天开始，我应该把丈夫奉若一个国王。自从跟我结婚以来，丈夫始终任劳任怨，努力为我们的家庭撑起一片蓝天，却从未在我面前流露出一丝难色。我理应向他致以最诚挚的谢意，把他视为我们家的一国之君。

回到家里，我把今天看到的情形讲给了孩子们。大女儿原本就爱流眼泪，听了我的一席话，眼里早已热泪盈眶。我静静地把孩子们搂在怀里。我很快松开他们，然后匆忙去准备晚餐。晚饭刚准备完毕，响起了门铃声。

“是爸爸回来了！”

孩子们欢呼着跑过去开门。孩子们平时一回到家，就忙于做作业，或者是打游戏，跟爸爸连招呼都不愿意打一下。丈夫看到孩子们一反常态地来迎接他回家，呵呵笑着自言自语道：

“今天这是太阳打西边出来了？又不是我的生日……啊，我知道了！肯定是你们俩的零花钱用光了！”

“不是。”

“我们从今天开始，要变成一个懂事的孩子了。”

孩子们围在他们的爸爸身旁又蹦又跳。

“孩子们，快来帮我端菜。你赶紧去洗把脸，晚饭已经准备好了。”

一家人欢天喜地在餐桌前坐了下来。小儿子把自己喜欢吃的火腿推到爸爸跟前，老成持重地说道：

“爸爸，您尝尝这道菜。”

小儿子原是一个最贪吃的家伙，可今天的表现实在出乎意料。丈夫看了他一眼，默默地夹起一片火腿送进嘴里，一边嚼着，一边夸张地说道：

“哇，真的好吃极了。你这个小家伙，今天是怎么了？”

“爸爸，您再尝尝这个。”

大女儿立刻给爸爸夹了一块蛋卷包菜。

“呵呵，你们这两个小家伙……”

丈夫的脸上瞬间笑容满面。吃完了晚饭以后，我坐下来给丈夫捏腿。丈夫一脸的惊讶，显出受宠若惊的神情。我一边继续给他捏腿，一边缓缓说道：

“你今天是不是就在小公园附近的建筑工地上干活？”

“是啊。你怎么知道？”

“我今天突然想你了，所以就跑到你干活的工地上看了看。”

“是吗？你去那里干什么？”

丈夫似乎羞于被妻子看到自己拼死拼活卖苦力的样子，把视线转向电视机，以遮掩自己难堪的神色。我低声对丈夫说道：

“亲爱的，谢谢你。”

“谢我什么呀？”

“就是想谢谢你。”

“你这个人，好笑不好笑？”

是不是由于我太长时间没有对丈夫表露过自己的心怀，所以他才感到有些莫名其妙？总之，我的表现让我和丈夫都感到有些害羞。许久，我们两人竟然不知说些什么才好。我们就这样假装看着电视，彼此默默无语。后来我终于打破了沉默，轻声问道：

“给你来一杯凉咖啡？”

“好。正有些口渴呢。”

事实上，到现在为止，即使丈夫在晚上跟我要一杯咖啡，我都没有给他冲过。因为一旦喝了一杯咖啡，丈夫就兴奋得一宿睡不着觉。有一次，丈夫在临睡前偶然喝了一杯咖啡，结果彻夜不眠，睁着眼睛过了一夜。

“明天上不了班怎么办，还敢给我冲咖啡？”

“去不了就去不了，能怎么着？那就干脆歇一天嘛。”

听了我的话，丈夫开怀一笑，带着开玩笑的表情对我说：

“咱们俩是不是喝一杯不加伴侣的咖啡？”

“对啦。最近我在电视里看到有些人喝咖啡的时候都不加伴侣，显得很新潮的样子。”

我这样说着，给丈夫递过一杯没加伴侣的咖啡。丈夫接过来，抿了一口，立刻皱着眉头说道：

“哎呀，这么苦，真是喝不下去啊。我还是得多加点白糖和伴侣。管他土气不土气呢。”

我们夫妻俩朗声大笑起来。也是，如果喝咖啡的时候不加伴侣就意味着新潮时尚，那天底下恐怕就没有什么土气的人了。我想，只要能找到适合我们的方式也就心满意足了。我们无法从外表上了解到一个人的内心。我丈夫虽然从外表上看显得有些土里土气的，但他绝不是一个不明事理的、不够稳重的人。我在跟丈夫生活的过程中，认识到学历并不能代表一个人的人格。我丈夫始终是一个深思熟虑的、谨慎行事的人，在我的眼里，他是一个无所不能的手艺人。

丈夫躺到床上以后对我说：

“等这个月发了工资，你到百货商店买身衣服吧。你要是穿上了隔壁那个大嫂那样的服装，肯定要比她漂亮好几倍。你也该美一美了。”

“谁不想穿漂亮的衣服啊？可我怎么好意思拿你在大太阳底下挥汗如雨挣来的辛苦钱，去给自己买什么贵重的衣服啊？”

“我干活还不是为了你和孩子们吗？这个月发了工资，你一定要买。还有，再到美容院给自己美美容。”

“……”

“还有，你别再到我干活的施工现场了。你能尽心尽力地照顾孩子们，我已经感到很欣慰了。虽然我是在外面干活，但你为了咱们全家，在家里干的活一点也不比我轻松。”

我紧紧地握住丈夫的手一句话也说不出来。我哽咽起来。我想，把这种感觉说成幸福也未尝不可。尽管没有人把我称为身份高贵的师母，尽管我的身上没有佩戴价格昂贵的金银珠宝，但这短暂的激动，也许正是属于我的幸福。

幸福并不都是来自于某种巨大的事物。在属于我们夫妻俩的朴素的夜晚，我们会在这样一份小小的感动中坠入深深的幸福之中。

成为一个好妻子的十条秘诀

1. 柔声细语

当丈夫带着满身的疲惫走进家门，如果妻子正在高声呵斥孩子们，那么你们的丈夫会是一种什么心情呢？说不定他们恨不得立刻掉转身去，找一个安静的地方坐一会儿。要想让丈夫在家里感到舒适，妻子首先就应该降低嗓音柔声细语、亲切和蔼地说话。

2. 称赞丈夫的优点

如果你们在期待丈夫的成功，就应该懂得把丈夫奉若国王。在把丈夫奉若国王的时候，妻子也就变成了一个王后。请再也不要以地位或收入的多寡来评价你们的丈夫。请立刻着手去找出丈夫的十条优点。

3. 每个月为丈夫举办一次别开生面的聚会

如果你们的丈夫突然变得寡言少语、神情抑郁，就应该立刻意识到他们正处于彷徨之中。在这种情况下，作为妻子，就应该把丈夫的好朋友请到家里，让他们在一起吃顿饭随便聊一聊。在和朋友们坦诚交流的过程中，你们的丈夫会感受到心理的安慰。

4. 为丈夫祈祷

在遇到困难的时候，人们经常首先会问“为什么？”然后会接着自问“为什么偏偏是我”？但是，我们经常无法给出这个“为什么”的答案。在这种情况下，我们有必要去祈祷。为丈夫进行的无条件的祈祷就是一种祝福，是一种能让人战胜一切困难的万能钥匙。

5. 让丈夫拥有独处的时间

每个人克服压力的方式各有不同。请让你们的丈夫，通过短暂的独处，把沉积在他们心中的渣滓一扫而光。重要的是不要过于焦急，而要鼓励你们的丈夫自行去克服这样的困难……这是一个妻子的职责所在。

6. 读懂丈夫的内心

妻子应该读懂丈夫的内心。读懂丈夫的内心，对于打造一个充满自信的丈夫这项工作而言，是必不可少的。如果你们能够了解丈夫在社会生活中遭到了什么样的挫折，又为了什么而承受着压力，就应该努力去解读它们，并与他们休戚与共。如此，你们的丈夫就会重新找回自信。

7. 逗丈夫发笑

欢笑甚至能战胜癌症，所以就把欢笑作为礼物送给你们的丈夫吧。如果你缺乏幽默感，而苦于不能逗丈夫发笑，你们不妨坐在丈夫面前自己先笑出来。看到有人在笑，而又不知道究竟是为了什么，这样看着的人也会不由自主地跟着笑起来。你们不妨接着对开始笑起来的丈夫说："你笑起来更帅了。"

8. 保证和丈夫单独相处的时间

所谓的爱情，也就是两个人彼此分享对方的情感。如果你们的丈夫整天忙于工作，而与你们产生了距离，那么在谴责他们的心已经不在你们身上之前，首先找时间与你们的丈夫单独相处。在这个时刻，关键在于应该更加注意倾听丈夫的谈话。

9. 拒绝比较

有这样一句俗语："别人家的蛋糕看上去总是更大。"把别人家的蛋糕看得更大的人，一生只能处于不幸之中。因为这样的人是不知足的人。把自己的丈夫跟别人的丈夫加以比较，这样的言行会给你们的丈夫带来心灵的创伤，理应坚决杜绝。

10. 真心信任丈夫

丈夫一旦知道自己心爱的妻子百分之百相信自己，那么他将是这个世上最幸福的男人。请相信你们的丈夫，以此来把你们的丈夫打造成世上最幸福的男人。